한 권으로 마스터하는 취업 합격 전략

시원스쿨 취업영어

이슈 표현

시원스쿨 LAB

시원스쿨 취업영어
이슈 표현

초판 1쇄 발행 2024년 9월 30일

지은이 시원스쿨어학연구소
펴낸곳 (주)에스제이더블유인터내셔널
펴낸이 양홍걸 이시원

홈페이지 www.siwonschool.com
주소 서울시 영등포구 영신로 166 시원스쿨
교재 구입 문의 02)2014-8151
고객센터 02)6409-0878

ISBN 979-11-6150-894-8 13740
Number 1-110802-18180400-09

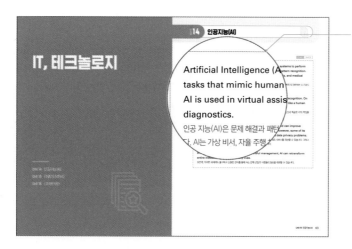

지문 읽기

요즘 시사 이슈 지문을 전반적으로
읽어보면서 어려운 표현, 단어에 표시하기

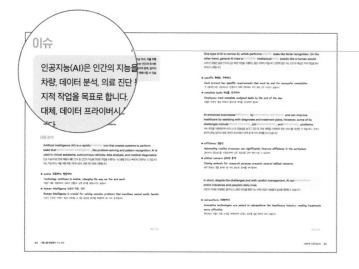

이슈 파악하기

앞서 읽은 지문 주제의 이슈 파악하기

핵심 포인트

지문의 핵심 내용의 영문 표현 학습하기

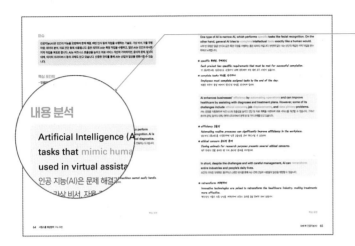

내용 분석

문장 단위로 지문을 분석해 보고
해당 주제에 활용할 수 있는 필수 표현
학습하기

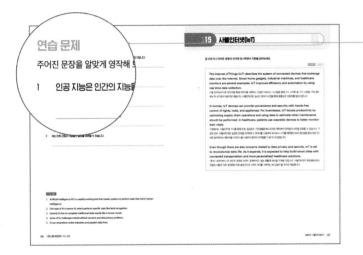

연습 문제

앞서 배운 내용을 바탕으로 영작 연습

저자 직강 유료 온라인 강의

시원스쿨 취업영어 도서 시리즈: 면접 표현, 이슈 표현, 실전 영작 학습을 위해 저자 직강 온라인 강의를 제공합니다.
자세한 정보는 시원스쿨LAB 사이트를 확인해 주세요.

lab.siwonschool.com

책의 구성

문화, 예술

잘 모르거나 어려운 표현과 단어에 표시하면서 지문을 읽어보세요.

MP3 Unit01

Korean food has skyrocketed to global popularity recently thanks to popular media, such as K-pop and K-dramas.

최근 한식은 K팝과 K-드라마 등 인기 미디어에 힘입어 전 세계적으로 인기가 급상승하고 있습니다.

For instance, kimchi, bibimbap, and bulgogi are several dishes that have become popular for their delectable flavors and apparent health benefits. For many consumers, the importance of using natural ingredients makes Korean cuisine appealing. The growing number of Korean BBQ restaurants and increased access to Korean ingredients are a testament to its growing international recognition. Even social media influencers have been showcasing the variety and richness of Korean food to global audiences.

예를 들어 김치, 비빔밥, 불고기는 맛있는 맛과 명백한 건강상의 이점으로 인기를 끌고 있는 몇 가지 요리입니다. 많은 소비자들에게 천연 재료 사용의 중요성은 한식을 매력적으로 만드는 요소입니다. 한국식 바비큐 레스토랑의 수가 증가하고 한국 식재료에 대한 접근성이 높아진 것은 한식의 국제적 인지도가 높아지고 있다는 증거입니다. 소셜 미디어 인플루언서들도 한식의 다양성과 풍성함을 전 세계인들에게 선보이고 있습니다.

This activity has enhanced Korea's cultural influence while promoting Korean tourism and opportunities for international business. Korean cuisine has undoubtedly become a trendsetter in global food culture.

이러한 활동은 한국의 문화적 영향력을 강화하는 동시에 한국 관광과 국제 비즈니스 기회를 증진시켰습니다. 한식은 분명 전 세계 음식 문화의 트렌드를 선도하고 있습니다.

이슈

최근 한식은 K팝과 K-드라마의 영향으로 전 세계적으로 인기가 급상승하고 있습니다. 김치, 비빔밥, 불고기 등은 맛과 건강상의 이점으로 주목받고 있으며, 천연 재료 사용이 한식의 매력을 더하고 있습니다. 한국식 바비큐 레스토랑 증가와 한국 식재료 접근성 확대는 한식의 국제적 인지도를 높이는 증거입니다. 또한, 소셜 미디어 인플루언서들이 한식의 다양성을 세계에 알리며 한국의 문화적 영향력과 관광, 비즈니스 기회를 확대하고 있습니다.

핵심 포인트

- 미디어를 통한 세계적인 인기
  global popularity, popular media, K-pop, K-drama

- 한국 음식의 매력과 인지도
  Korean cuisine, international recognition, global audience

- 문화적 및 경제적 영향
  enhanced Korea's cultural influence, tourism, international business, trendsetter

내용 분석

Korean food has skyrocketed to global popularity recently thanks to popular media, such as K-pop and K-dramas.
최근 한식은 K팝과 K-드라마 등 인기 미디어에 힘입어 전 세계적으로 인기가 급상승하고 있습니다.

✿ *global popularity* 전 세계적인 인기

The global popularity of streaming services has revolutionized the way people consume media content.
스트리밍 서비스의 전 세계적인 인기는 사람들이 미디어 콘텐츠를 소비하는 방식을 혁신적으로 변화시켰습니다.

✿ *thanks to* ~덕분에

Thanks to advancements in technology, remote work has become more accessible and efficient.
기술의 발전 덕분에 원격 근무의 접근성과 효율성이 더욱 높아졌습니다.

For instance, kimchi, bibimbap, and bulgogi are several dishes that have become popular for their delectable flavors and apparent health benefits. For many consumers, the importance of using natural ingredients makes Korean cuisine appealing.

예를 들어 김치, 비빔밥, 불고기는 맛있는 맛과 명백한 건강상의 이점으로 인기를 끌고 있는 몇 가지 요리입니다. 많은 소비자들에게 천연 재료 사용의 중요성은 한식을 매력적으로 만드는 요소입니다.

✿ delectable flavor 맛있는 맛

The chef's new recipe has a delectable flavor that everyone loves.
셰프의 새로운 레시피는 모두가 좋아하는 맛있는 맛을 선사합니다.

✿ health benefit 건강상의 이점

The health benefits of regular exercise are well-documented and numerous.
규칙적인 운동의 건강상의 이점은 잘 문서화되어 있고 다양합니다.

The growing number of Korean BBQ restaurants and increased access to Korean ingredients are a testament to its growing international recognition. Even social media influencers have been showcasing the variety and richness of Korean food to global audiences.

한국식 바비큐 레스토랑의 수가 증가하고 한국 식재료에 대한 접근성이 높아진 것은 한식의 국제적 인지도가 높아지고 있다는 증거입니다. 소셜 미디어 인플루언서들도 한식의 다양성과 풍성함을 전 세계인들에게 선보이고 있습니다.

✿ international recognition 국제적 인지도

The scientist received international recognition for her groundbreaking research in renewable energy.
그 과학자는 재생 에너지 분야의 획기적인 연구로 국제적인 인정을 받았습니다.

This activity has enhanced Korea's cultural influence while promoting Korean tourism and opportunities for international business. Korean cuisine has undoubtedly become a trendsetter in global food culture.

이러한 활동은 한국의 문화적 영향력을 강화하는 동시에 한국 관광과 국제 비즈니스 기회를 증진시켰습니다. 한식은 분명 전 세계 음식 문화의 트렌드를 선도하고 있습니다.

✿ influence 영향

The cultural influence of hip-hop music is evident in fashion, language, and art worldwide.
힙합 음악의 문화적 영향력은 전 세계적으로 패션, 언어, 예술 분야에서 뚜렷하게 나타나고 있습니다.

✿ trendsetter 트렌드를 선도하는 사람

As a trendsetter in fashion, she influences styles around the world.
패션계의 트렌드 세터로서 전 세계 스타일에 영향을 미치고 있습니다.

연습 문제

주어진 문장을 알맞게 영작해 보세요.

1   김치, 비빔밥, 불고기는 맛있는 맛과 명백한 건강상의 이점으로 인기를 끌고 있는 몇 가지 요리입니다.

_____

2   한식은 분명 전 세계 음식 문화의 트렌드를 선도하고 있습니다.

_____

3   최근 한식은 전 세계적으로 인기가 급상승하고 있습니다.

_____

4   천연 재료 사용의 중요성은 한식을 매력적으로 만드는 요소입니다.

_____

5   소셜 미디어 인플루언서들도 한식의 다양성을 전 세계인들에게 선보이고 있습니다.

_____

모범 답안

1. Kimchi, bibimbap, bulgogi are several dishes that have become popular for their delectable flavors and apparent health benefits.

2. Korean cuisine has undoubtedly become a trendsetter in global food culture.

3. Korean food has skyrocketed to global popularity recently.

4. The importance of using natural ingredients makes Korean cuisine appealing.

5. Even social media influencers have been showcasing the variety of Korean food.

잘 모르거나 어려운 표현과 단어에 표시하면서 지문을 읽어보세요.

🔊 MP3 Unit02

An AI creator uses artificial intelligence to generate original content, such as works of art, literature, or music. These systems mimic human creativity by using the power of machine learning and extensive datasets.

AI 크리에이터는 인공 지능을 사용하여 예술 작품, 문학 또는 음악과 같은 독창적인 콘텐츠를 생성합니다. 이러한 시스템은 머신 러닝과 방대한 데이터 세트를 사용하여 인간의 창의성을 모방합니다.

Utilizing AI creators can enhance productivity across various fields because of their unmatched speed and quality of output. With the ability to operate continuously without fatigue and perform high-precision tasks, they exceed human limitations. However, AI-generated content may lack emotional depth and human ingenuity, which gives rise to artistic uniformity.

AI 크리에이터를 활용하면 탁월한 속도와 품질로 다양한 분야에서 생산성을 높일 수 있습니다. 피로감 없이 지속적으로 작업하고 고정밀 작업을 수행할 수 있어 인간의 한계를 뛰어넘습니다. 하지만 AI로 제작된 콘텐츠는 감성적 깊이와 인간의 독창성이 부족하여 예술적 획일성이 발생할 수 있습니다.

Additionally, jobs in the creative industries are at risk of being replaced by generative AI. Therefore, it is crucial to address the ethical concerns associated with intellectual property and authorship when integrating AI systems.

또한 창조 산업 분야의 일자리가 생성형 AI로 대체될 위험에 처해 있습니다. 따라서 AI 시스템을 적용할 때 지적 재산권 및 저작물과 관련된 윤리적 문제를 해결하는 것이 중요합니다.

이슈

AI 크리에이터는 인공지능을 사용해 예술, 문학, 음악 등 독창적인 콘텐츠를 생성하며, 인간의 창의성을 모방합니다. 이 시스템은 빠르고 고품질의 작업을 수행해 다양한 분야에서 생산성을 높이지만, 감성적 깊이와 독창성이 부족해 예술적 획일성을 초래할 수 있습니다. 또한, 창조 산업의 일자리가 AI로 대체될 위험이 있으며, AI 시스템을 적용할 때 지적 재산권 및 저작물과 관련된 윤리적 문제를 해결하는 것이 중요합니다.

핵심 포인트

- AI의 콘텐츠 생성
  AI creator, mimic human creativity

- 생산성 및 한계
  lack emotional depth, human ingenuity, artistic uniformity

- 윤리적 및 직업적 문제
  risk of being replaced, ethical concern, intellectual property and authorship

내용 분석

An AI creator uses artificial intelligence to generate original content, such as works of art, literature, or music. These systems mimic human creativity by using the power of machine learning and extensive datasets.

AI 크리에이터는 인공 지능을 사용하여 예술 작품, 문학 또는 음악과 같은 독창적인 콘텐츠를 생성합니다. 이러한 시스템은 머신 러닝과 방대한 데이터 세트를 사용하여 인간의 창의성을 모방합니다.

✿ generate 생성하다, 발생시키다

Solar panels generate clean and renewable energy for homes and businesses.
태양광 패널은 가정과 기업을 위한 청정하고 재생 가능한 에너지를 생산합니다.

✿ mimic 모방하다, 흉내를 내다

Some AI systems are designed to mimic human decision-making processes.
일부 AI 시스템은 인간의 의사 결정 과정을 모방하도록 설계되었습니다.

Utilizing AI creators can enhance productivity across various fields because of their unmatched speed and quality of output. With the ability to operate continuously without fatigue and perform high-precision tasks, they exceed human limitations. However, AI-generated content may lack emotional depth and human ingenuity, which gives rise to artistic uniformity.

AI 크리에이터를 활용하면 탁월한 속도와 품질로 다양한 분야에서 생산성을 높일 수 있습니다. 피로감 없이 지속적으로 작업하고 고정밀 작업을 수행할 수 있어 인간의 한계를 뛰어넘습니다. 하지만 AI로 제작된 콘텐츠는 감성적 깊이와 인간의 독창성이 부족하여 예술적 획일성이 발생할 수 있습니다.

✱ enhance 높이다, 향상시키다

Regular exercise can **enhance** both physical and mental well-being.
규칙적인 운동은 신체적, 정신적 웰빙을 모두 향상시킬 수 있습니다.

✱ fatigue 피로감, 피로

Chronic **fatigue** can significantly impact daily productivity and overall quality of life.
만성 피로는 일상 생산성과 전반적인 삶의 질에 큰 영향을 미칠 수 있습니다.

Additionally, jobs in the creative industries are at risk of being replaced by generative AI. Therefore, it is crucial to address the ethical concerns associated with intellectual property and authorship when integrating AI systems.

또한 창조 산업 분야의 일자리가 생성형 AI로 대체될 위험에 처해 있습니다. 따라서 AI 시스템을 적용할 때 지적 재산권 및 저작물과 관련된 윤리적 문제를 해결하는 것이 중요합니다.

✱ risk 위험, 위험 요소

Investing in stocks carries a certain level of **risk** but also offers potential rewards.
주식 투자는 일정 수준의 위험을 수반하지만 잠재적인 보상도 제공합니다.

✱ intellectual property 지적 재산

Protecting **intellectual property** is crucial for encouraging innovation and creativity in various industries.
지적 재산을 보호하는 것은 다양한 산업 분야에서 혁신과 창의성을 장려하는 데 매우 중요합니다.

핵심 표현

연습 문제

주어진 문장을 알맞게 영작해 보세요.

1 AI 크리에이터는 인공 지능을 사용하여 예술 작품, 문학 또는 음악과 같은 독창적인 콘텐츠를 생성합니다.

_____

2 AI 크리에이터를 활용하면 다양한 분야에서 생산성을 높일 수 있습니다.

_____

3 창조 산업 분야의 일자리가 생성형 AI로 대체될 위험에 처해 있습니다.

_____

4 지적 재산권과 관련된 윤리적 문제를 해결하는 것이 중요합니다.

_____

5 AI로 제작된 콘텐츠는 감성적 깊이와 인간의 독창성이 부족하여 예술적 획일성이 발생할 수 있습니다.

_____

모범 답안

1. An AI creator uses artificial intelligence to generate original content, such as works of art, literature, or music.

2. Utilizing AI creators can enhance productivity across various fields.

3. Jobs in the creative industries are at risk of being replaced by generative AI.

4. It is crucial to address the ethical concerns associated with intellectual property.

5. AI-generated content may lack emotional depth and human ingenuity, which gives rise to artistic uniformity.

숏 비디오 컨텐츠 유행

잘 모르거나 어려운 표현과 단어에 표시하면서 지문을 읽어보세요.

MP3 Unit03

Short form videos on platforms, such as TikTok, Instagram Reels, and YouTube Shorts, have capitalized on viewers' short attention spans and captivated audiences with eye-catching graphics and upbeat music. Using these tools, companies and influencers can reach wider audiences. Interactive aspects of this content include dance challenges, filming reactions, and using polls and questions.

틱톡, 인스타그램 릴스, 유튜브 쇼츠와 같은 플랫폼의 숏폼 동영상은 시청자의 짧은 집중 시간을 활용해 눈길을 사로잡는 그래픽과 경쾌한 음악으로 시청자의 마음을 사로잡았습니다. 이러한 도구를 사용하여 기업과 인플루언서는 더 많은 시청자에게 다가갈 수 있습니다. 이 콘텐츠의 상호작용적인 측면에는 댄스 챌린지, 반응 촬영, 설문조사 및 질문 사용 등이 포함됩니다.

However, excessive screen time on such platforms can result in lowered productivity and fewer in-person social interactions. Users may struggle to concentrate on tasks at hand because of the constant flood of short and impactful content. Also, content creators themselves may endure stress if they are unable to produce viral material and achieve high levels of engagement on their content.

그러나 이러한 플랫폼에서 과도한 스크린 타임은 생산성 저하와 대면 사회적 상호작용 감소로 이어질 수 있습니다. 짧고 영향력 있는 콘텐츠가 끊임없이 쏟아져 나오기 때문에 사용자는 주어진 업무에 집중하기 어려울 수 있습니다. 또한 콘텐츠 제작자 역시 바이럴 자료를 제작하지 못하고 콘텐츠에 대한 높은 참여도를 달성하지 못하면 스트레스를 견뎌야할 수도 있습니다.

이슈

틱톡, 인스타그램 릴스, 유튜브 쇼츠 등에서 제공하는 숏폼 동영상은 짧은 집중 시간을 활용해 시청자의 이목을 끄는 콘텐츠입니다. 기업과 인플루언서들은 이를 통해 더 넓은 시청자층에 도달할 수 있으며, 댄스 챌린지나 반응 촬영 같은 상호작용적인 요소를 활용해 참여도를 높이고 있습니다. 하지만 이러한 플랫폼에서의 과도한 스크린 타임은 생산성 저하와 대면 사회적 상호작용 감소로 이어질 수 있습니다. 또한, 콘텐츠 제작자는 높은 참여도를 얻지 못할 경우 스트레스를 받을 가능성이 있습니다.

핵심 포인트

- 짧은 집중 시간을 활용한 숏 비디오 컨텐츠 유행
  short form video, short attention span
- 생산성과 사회적 상호작용 감소
  excessive screen time, lowered productivity, in-person interaction

내용 분석

Short form videos on platforms, such as TikTok, Instagram Reels, and YouTube Shorts, have capitalized on viewers' short attention spans and captivated audiences with eye-catching graphics and upbeat music.

틱톡, 인스타그램 릴스, 유튜브 쇼츠와 같은 플랫폼의 숏폼 동영상은 시청자의 짧은 집중 시간을 활용해 눈길을 사로잡는 그래픽과 경쾌한 음악으로 시청자의 마음을 사로잡았습니다.

✰ capitalize 활용하다, 이용하다

Businesses need to capitalize on emerging trends to stay competitive in the market.
기업은 시장에서 경쟁력을 유지하기 위해 새로운 트렌드를 활용해야 합니다.

✰ eye-catching 눈길을 사로잡는

The new advertisement featured eye-catching graphics and bold colors to attract customers.
새 광고는 눈길을 사로잡는 그래픽과 대담한 색상을 사용하여 고객을 끌어모으는 것이 특징입니다.

Using these tools, companies and influencers can reach wider audiences. Interactive aspects of this content include dance challenges, filming reactions, and using polls and questions.

이러한 도구를 사용하여 기업과 인플루언서는 더 많은 시청자에게 다가갈 수 있습니다. 이 콘텐츠의 상호작용적인 측면에는 댄스 챌린지, 반응 촬영, 설문조사 및 질문 사용 등이 포함됩니다.

✿ *aspect* 측면, 양상

An interesting aspect of the novel is its unique narrative structure.
이 소설의 흥미로운 측면은 독특한 이야기 구조입니다.

However, excessive screen time on such platforms can result in lowered productivity and fewer in-person social interactions. Users may struggle to concentrate on tasks at hand because of the constant flood of short and impactful content.

그러나 이러한 플랫폼에서 과도한 스크린 타임은 생산성 저하와 대면 사회적 상호작용 감소로 이어질 수 있습니다. 짧고 영향력 있는 콘텐츠가 끊임없이 쏟아져 나오기 때문에 사용자는 주어진 업무에 집중하기 어려울 수 있습니다.

✿ *excessive* 과도한, 지나친

Excessive screen time can lead to eye strain and sleep disturbances.
과도한 화면 사용 시간은 눈의 피로와 수면 장애를 유발할 수 있습니다.

✿ *social interaction* 사회적 상호작용

Regular social interaction is essential for maintaining mental and emotional health.
정기적인 사회적 교류는 정신적, 정서적 건강을 유지하는 데 필수적입니다.

Also, content creators themselves may endure stress if they are unable to produce viral material and achieve high levels of engagement on their content.

또한 콘텐츠 제작자 역시 바이럴 자료를 제작하지 못하고 콘텐츠에 대한 높은 참여도를 달성하지 못하면 스트레스를 견뎌야 할 수도 있습니다.

✿ *endure* 견디다

Athletes must endure rigorous training to achieve peak performance.
선수들은 최고의 경기력을 달성하기 위해 엄격한 훈련을 견뎌야 합니다.

✿ *viral material* 바이럴 자료, 바이럴 컨텐츠

The video quickly became viral material, spreading across social media platforms overnight.
이 동영상은 하룻밤 사이에 소셜 미디어 플랫폼에 퍼지면서 빠르게 바이럴 컨텐츠가 되었습니다.

핵심 표현

연습 문제

주어진 문장을 알맞게 영작해 보세요.

1 이 콘텐츠의 상호작용적인 측면에는 댄스 챌린지, 반응 촬영 등이 포함됩니다.

_____

2 과도한 스크린 타임은 생산성 저하와 대면 사회적 상호작용 감소로 이어질 수 있습니다.

_____

3 짧고 영향력 있는 콘텐츠가 끊임없이 쏟아져 나오기 때문에 사용자는 주어진 업무에 집중하기 어려울 수 있습니다.

_____

4 콘텐츠 제작자는 바이럴 자료를 제작하지 못하면 스트레스를 견뎌야할 수도 있습니다.

_____

5 숏폼 동영상은 시청자의 짧은 집중 시간을 활용해 눈길을 사로잡는 그래픽으로 시청자의 마음을 사로잡았습니다.

_____

모범 답안

1. Interactive aspects of this content include dance challenges, filming reactions.
2. Excessive screen time can result in lowered productivity and fewer in-person social interactions.
3. Users may struggle to concentrate on tasks at hand because of the constant flood of short content and impactful content.
4. Content creators themselves may endure stress if they are unable to produce viral material.
5. Short form video have capitalized on viewers' short attention spans and captivated audiences with eye-catching graphics.

사회

잘 모르거나 어려운 표현과 단어에 표시하면서 지문을 읽어보세요.

🔊 MP3 Unit04

The Korean "jeonse" housing rental system, where tenants pay a lump sum deposit in place of monthly rent payments, is experiencing a rise in fraud cases. By creating fake contracts or signing multiple leases on the same property, landlords are failing to return tenants' large deposits. Thus, tenants suffer major financial losses with no legal avenues to reclaim their money.

세입자가 월세 대신 보증금을 일시불로 납부하는 한국의 '전세' 주택 임대 제도에서 사기 사건이 증가하고 있습니다. 집주인이 허위 계약서를 작성하거나 동일한 부동산에 여러 건의 임대차 계약을 체결하는 방식으로 세입자의 거액의 보증금을 돌려주지 않는 사례가 늘고 있습니다. 따라서 세입자는 돈을 되찾을 법적 수단이 없어 막대한 금전적 손실을 입게 됩니다.

Many young and first-time renters are more vulnerable to such scams due to unawareness. To prevent incidents of fraud with "jeonse" contracts, tenants should hire reliable real estate agents, consider getting deposit insurance, and thoroughly verify a property's ownership records.

많은 젊은 세입자와 첫 임차인은 이러한 사기에 대해 잘 알지 못하기 때문에 더욱 취약합니다. '전세' 계약 사기 피해를 예방하려면 세입자는 믿을 수 있는 부동산 중개인을 고용하고, 보증보험 가입을 고려하고, 부동산의 소유권 기록을 철저히 확인해야 합니다.

With this problem spreading across Korea's housing market, mindfulness and caution are imperative to protect one's financial assets.

이러한 문제가 국내 주택 시장 전반으로 확산되고 있는 만큼, 금융 자산을 보호하기 위한 세심한 주의가 반드시 필요합니다.

이슈

한국의 전세 제도에서 사기 사건이 증가하고 있습니다. 집주인이 허위 계약을 작성하거나 동일한 부동산에 여러 임대차 계약을 체결해 보증금을 돌려주지 않는 경우가 늘고 있어 세입자들은 큰 금전적 손실을 입고 있습니다. 특히 젊은 세입자와 첫 임차인이 사기에 취약하며, 이를 예방하기 위해서는 믿을 수 있는 부동산 중개인 고용, 보증보험 가입, 소유권 기록 확인이 필요합니다. 이러한 문제는 주택 시장 전반으로 확산되고 있어 세심한 주의가 요구됩니다.

핵심 포인트

- 전세 사기의 증가

  housing rental system, lump sum deposit, fraud, fake contracts, fail to return deposits

- 전세 사기의 타겟이 되는 청년층과 초보 임차인

  young and first-time renters, unawareness

- 전세 사기 예방 조치

  hire reliable real estate agents, deposit insurance, verify a property's ownership records

내용 분석

The Korean "jeonse" housing rental system, **where tenants pay a** lump sum deposit **in place of monthly rent payments, is experiencing a rise in** fraud **cases.**
세입자가 월세 대신 보증금을 일시불로 납부하는 한국의 '전세' 주택 임대 제도에서 사기 사건이 증가하고 있습니다.

✿ *deposit 보증금, 착수금*

The landlord required a deposit before the tenant could move into the apartment.
집주인은 세입자가 아파트에 입주하기 전에 보증금을 요구했습니다.

✿ *fraud 사기*

The company introduced new measures to prevent fraud and protect customer data.
회사는 사기를 방지하고 고객 데이터를 보호하기 위한 새로운 조치를 도입했습니다.

By creating fake **contracts or signing multiple leases on the same** property, landlords **are failing to return tenants' large deposits. Thus,** tenants **suffer major financial losses with no** legal avenues **to** reclaim **their money.**
집주인이 허위 계약서를 작성하거나 동일한 부동산에 여러 건의 임대차 계약을 체결하는 방식으로 세입자의 거액의 보증금을 돌려주지 않는 사례가 늘고 있습니다. 따라서 세입자는 돈을 되찾을 법적 수단이 없어 막대한 금전적 손실을 입게 됩니다.

핵심 표현

✿ property 부동산, 재산

The property was sold at a higher price than expected.
이 부동산은 예상보다 높은 가격에 팔렸습니다.

✿ reclaim 되찾다, 돌려 달라고 하다

The government sought to reclaim lost territory after the border dispute.
정부는 국경 분쟁 이후 잃어버린 영토를 되찾기 위해 노력했습니다.

Many young and first-time renters are more vulnerable to such scams due to unawareness. To prevent incidents of fraud with "jeonse" contracts, tenants should hire reliable real estate agents, consider getting deposit insurance, and thoroughly verify a property's ownership records.

많은 젊은 세입자와 첫 임차인은 이러한 사기에 대해 잘 알지 못하기 때문에 더욱 취약합니다. '전세' 계약 사기 피해를 예방하려면 세입자는 믿을 수 있는 부동산 중개인을 고용하고, 보증보험 가입을 고려하고, 부동산의 소유권 기록을 철저히 확인해야 합니다.

✿ vulnerable 취약한, 연약한

Children are particularly vulnerable to the effects of poor air quality.
어린이는 특히 나쁜 대기질의 영향에 취약합니다.

✿ scam 사기

She almost fell for an online scam but recognized the warning signs just in time.
그녀는 온라인 사기에 넘어갈 뻔했지만 제때 경고 신호를 알아챘습니다.

With this problem spreading across Korea's housing market, mindfulness and caution are imperative to protect one's financial assets.

이러한 문제가 국내 주택 시장 전반으로 확산되고 있는 만큼, 금융 자산을 보호하기 위한 세심한 주의가 반드시 필요합니다.

✿ imperative 반드시 해야 하는, 긴요한

It is imperative to follow safety guidelines during an emergency.
비상 상황에서는 안전 지침을 반드시 준수해야 합니다.

✿ financial asset 금융 자산

Real estate is considered a valuable financial asset for long-term investment.
부동산은 장기 투자를 위한 가치 있는 금융 자산으로 여겨집니다.

연습 문제

주어진 문장을 알맞게 영작해 보세요.

1   집주인이 허위 계약서를 작성함으로써, 세입자의 거액의 보증금을 돌려주지 않는 사례가 늘고 있습니다.

_____

2   세입자는 돈을 되찾을 법적 수단이 없어 막대한 금전적 손실을 입게 됩니다.

_____

3   보증보험 가입을 고려하고, 부동산의 소유권 기록을 철저히 확인해야 합니다.

_____

4   금융 자산을 보호하기 위한 세심한 주의가 반드시 필요합니다.

_____

5   한국의 '전세' 주택 임대 제도에서 사기 사건이 증가하고 있습니다.

_____

모범 답안

1. By creating fake contracts, landlords are failing to return tenants' large deposits.
2. Tenants suffer major financial losses with no legal avenues to reclaim their money.
3. Consider getting deposit insurance, and thoroughly verify a property's ownership records.
4. Mindfulness and caution are imperative to protect one's financial assets.
5. The Korean "jeonse" housing rental system is experiencing a rise in fraud cases.

잘 모르거나 어려운 표현과 단어에 표시하면서 지문을 읽어보세요.

MP3 | Unit05

Many countries today face the issue of aging populations and low birthrates.
오늘날 많은 국가가 인구 고령화와 저출산율 문제에 직면해 있습니다.

As the number of elderly people increases and fewer babies are born, many countries are experiencing several social and economic challenges. An aging population strains public resources because there is a higher demand for healthcare and pension funds. Meanwhile, a shrinking workforce results in labor shortages, which prevents economic productivity and growth. These circumstances lead to an imbalance between age groups, where fewer younger individuals must support more and more retirees.
노인 인구가 증가하고 출생아 수가 줄어들면서 많은 국가에서 여러 가지 사회적, 경제적 문제를 겪고 있습니다. 인구 고령화는 의료 및 연금 기금에 대한 수요 증가로 인해 공공 자원을 무리하게 사용합니다. 한편, 노동력 감소는 노동력 부족을 초래하여 경제 생산성과 성장을 저해합니다. 이러한 상황은 연령대 간 불균형으로 이어져 더 적은 수의 젊은 층이 더 많은 은퇴자를 부양해야 합니다.

These issues can be addressed through comprehensive policies that promote higher birthrates, such as family-friendly workplaces and accessible childcare resources. Furthermore, the aging population can be supported through improved healthcare and retirement systems.
이러한 문제는 가족 친화적인 직장, 접근 가능한 보육 자원 등 출산율을 높이는 종합적인 정책을 통해 해결할 수 있습니다. 또한, 고령화 인구는 의료 및 퇴직관리제도 개선을 통해 지원할 수 있습니다.

이슈

오늘날 많은 국가가 인구 고령화와 저출산 문제로 사회적, 경제적 어려움을 겪고 있습니다. 고령화는 의료와 연금 자원에 대한 수요를 증가시키고, 노동력 감소는 생산성과 경제 성장을 저해합니다. 이러한 문제는 젊은 층이 점점 더 많은 은퇴자를 부양해야 하는 연령 불균형을 초래합니다. 이를 해결하기 위해서는 가족 친화적 직장, 보육 지원 등 출산율을 높이는 정책이 필요하며, 고령 인구를 위한 의료 및 퇴직 관리 제도의 개선도 중요합니다.

핵심 포인트

- 고령화 인구와 저출산 문제
  aging populations, low birthrates, elderly

- 경제적 및 사회적 영향
  strain, public resources, pension fund, shrinking workforce, imbalance

- 고령화와 저출산 해결책
  comprehensive policy, family-friendly workplace, accessible childcare resource, healthcare, retirement system

내용 분석

Many countries today face the issue of aging populations **and** low birthrates.
오늘날 많은 국가가 인구 고령화와 저출산율 문제에 직면해 있습니다.

✿ *aging population 노령화 인구*

The aging population is increasing the demand for healthcare services and retirement planning.
인구 고령화로 인해 의료 서비스 및 은퇴 계획에 대한 수요가 증가하고 있습니다.

✿ *low birthrate 저출산율*

A low birthrate can lead to a shrinking workforce and economic stagnation.
저출산율은 노동력 감소와 경제 침체로 이어질 수 있습니다.

As the number of elderly people increases and fewer babies are born, many countries are experiencing several social and economic challenges. An aging population strains public resources **because there is a higher demand for** healthcare **and** pension funds.
노인 인구가 증가하고 출생아 수가 줄어들면서 많은 국가에서 여러 가지 사회적, 경제적 문제를 겪고 있습니다. 인구 고령화는 의료 및 연금 기금에 대한 수요 증가로 인해 공공 자원을 무리하게 사용합니다.

핵심 표현

✿ strain 무리하게 사용하다, 긴장시키다

The emergency response strained the team's resources and energy.
긴급 대응으로 인해 팀의 자원과 에너지를 무리하게 사용했습니다.

✿ pension fund 연금 기금

The government is considering reforms to ensure the pension fund remains solvent for future retirees.
정부는 연금 기금이 미래 은퇴자를 위해 지급 능력을 유지할 수 있도록 개혁을 고려하고 있습니다.

Meanwhile, a shrinking workforce results in labor shortages, which prevents economic productivity and growth. These circumstances lead to an imbalance between age groups, where fewer younger individuals must support more and more retirees.
한편, 노동력 감소는 노동력 부족을 초래하여 경제 생산성과 성장을 저해합니다. 이러한 상황은 연령대 간 불균형으로 이어져 더 적은 수의 젊은 층이 더 많은 은퇴자를 부양해야 합니다.

✿ workforce 노동력

The company is expanding its workforce to meet growing demand.
증가하는 수요를 충족하기 위해 인력을 확충하고 있습니다.

✿ imbalance 불균형

The imbalance between supply and demand led to higher prices.
수요와 공급의 불균형은 가격 상승으로 이어졌습니다.

These issues can be addressed through comprehensive policies that promote higher birthrates, such as family-friendly workplaces and accessible childcare resources. Furthermore, the aging population can be supported through improved healthcare and retirement systems.
이러한 문제는 가족 친화적인 직장, 접근 가능한 보육 자원 등 출산율을 높이는 종합적인 정책을 통해 해결할 수 있습니다. 또한, 고령화 인구는 의료 및 퇴직관리제도 개선을 통해 지원할 수 있습니다.

✿ comprehensive policy 종합적인 정책

The government introduced a comprehensive policy to address climate change.
정부는 기후 변화에 대응하기 위한 종합적인 정책을 도입했습니다.

✿ retirement system 퇴직관리제도

Many countries are reforming their retirement systems to adapt to an aging population.
많은 국가에서 인구 고령화에 적응하기 위해 퇴직관리제도를 개혁하고 있습니다.

핵심 표현

연습 문제

주어진 문장을 알맞게 영작해 보세요.

1   오늘날 많은 국가가 인구 고령화와 저출산율 문제에 직면해 있습니다.

_____

2   인구 고령화는 연금 기금에 대한 수요 증가로 인해 공공 자원을 무리하게 사용합니다.

_____

3   노동력 감소는 노동력 부족을 초래합니다.

_____

4   이러한 상황은 연령대 간 불균형으로 이어집니다.

_____

5   고령화 인구는 의료 및 퇴직관리제도 개선을 통해 지원할 수 있습니다.

_____

모범 답안

1. Many countries today face the issue of aging populations and low birthrates.
2. An aging population strains public resources because there is a higher demand for pension funds.
3. A shrinking workforce results in labor shortages.
4. These circumstances lead to an imbalance between age groups.
5. The aging population can be supported through improved healthcare and retirement systems.

잘 모르거나 어려운 표현과 단어에 표시하면서 지문을 읽어보세요.

MP3 Unit06

Greenwashing refers to when companies pretend to be environmentally friendly to boost their reputation and gain consumer trust. These businesses would make exaggerated or misleading claims about their goods, services, or values. For instance, a company might advertise a product as "eco-friendly" without any valid proof, or they might support smaller environmental efforts while ignoring the potential long-term consequences.

그린워싱은 기업이 평판을 높이고 소비자의 신뢰를 얻기 위해 환경 친화적인 척하는 것을 말합니다. 이러한 기업은 상품, 서비스 또는 가치에 대해 과장되거나 오해의 소지가 있는 주장을 합니다. 예를 들어, 기업이 유효한 증거 없이 제품을 '친환경적'이라고 광고하거나, 장기적인 잠재적 결과를 무시한 채 소규모 환경 노력을 지원할 수 있습니다.

Greenwashing can deceive consumers who actually care about the environment and negatively affect companies who have genuinely sustainable practices. It causes confusion and doubt about true sustainability and harms others' real environmental protection efforts. Ways to combat greenwashing include demanding transparency from companies, requiring credible certifications, and thoroughly verifying environmental claims.

실제로 환경에 관심이 있는 소비자를 속이고 진정으로 지속 가능한 관행을 실천하는 기업에 부정적인 영향을 미칠 수 있습니다. 진정한 지속 가능성에 대한 혼란과 의구심을 불러일으키고 다른 사람들의 진정한 환경 보호 노력에 해를 끼칩니다. 그린워싱을 방지하는 방법에는 기업에 투명성을 요구하고, 신뢰할 수 있는 인증을 요구하며, 환경 관련 주장을 철저히 검증하는 것이 포함됩니다.

이슈

그린워싱은 기업이 환경 친화적인 척하며 평판을 높이고 소비자 신뢰를 얻으려는 행위를 의미합니다. 기업은 종종 유효한 증거 없이 제품을 "친환경적"이라고 광고하거나, 장기적인 결과를 무시한 채 소규모 환경 노력을 강조합니다. 이는 환경에 관심이 있는 소비자를 속이고, 진정으로 지속 가능한 관행을 실천하는 기업에 부정적인 영향을 미칩니다. 그린워싱을 방지하기 위해서는 기업에 투명성을 요구하고, 신뢰할 수 있는 인증을 확인하며, 환경 관련 주장을 철저히 검증하는 것이 필요합니다.

핵심 포인트

- 그린워싱의 의미

  greenwashing, gain consumer trust, exaggerated, without valid proof

- 그린워싱의 영향

  deceive consumers, negatively affect, causes confusion

- 그린워싱을 막기 위한 방법

  demanding transparency, credible certification, verifying environmental claims

내용 분석

Greenwashing refers to when companies pretend to be environmentally friendly to boost their reputation and gain consumer trust. These businesses would make exaggerated or misleading claims about their goods, services, or values.

그린워싱은 기업이 평판을 높이고 소비자의 신뢰를 얻기 위해 환경 친화적인 척하는 것을 말합니다. 이러한 기업은 상품, 서비스 또는 가치에 대해 과장되거나 오해의 소지가 있는 주장을 합니다.

✻ *consumer trust 소비자 신뢰*

 Building consumer trust is essential for long-term business success.
 장기적인 비즈니스 성공을 위해서는 소비자 신뢰를 구축하는 것이 필수적입니다.

✻ *exaggerated 과장된*

 The media often reports with exaggerated headlines to capture attention.
 미디어는 종종 관심을 끌기 위해 과장된 헤드라인으로 보도합니다.

For instance, a company might advertise a product as "eco-friendly" without any valid proof, or they might support smaller environmental efforts while ignoring the potential long-term consequences.

예를 들어, 기업이 유효한 증거 없이 제품을 '친환경적'이라고 광고하거나, 장기적인 잠재적 결과를 무시한 채 소규모 환경 노력을 지원할 수 있습니다.

핵심 표현

✿ *proof* 증거

The scientist provided concrete proof to support her groundbreaking theory.
이 과학자는 자신의 획기적인 이론을 뒷받침하는 구체적인 증거를 제시했습니다.

✿ *consequence* 결과, 결론

Ignoring the warning signs can result in severe consequences for your safety.
경고 표시를 무시하면 안전에 심각한 결과를 초래할 수 있습니다.

Greenwashing can deceive consumers who actually care about the environment and negatively affect companies who have genuinely sustainable practices. It causes confusion and doubt about true sustainability and harms others' real environmental protection efforts.

그린워싱은 실제로 환경에 관심이 있는 소비자를 속이고 진정으로 지속 가능한 관행을 실천하는 기업에 부정적인 영향을 미칠 수 있습니다. 진정한 지속 가능성에 대한 혼란과 의구심을 불러일으키고 다른 사람들의 진정한 환경 보호 노력에 해를 끼칩니다.

✿ *deceive* 속이다, 기만하다

He tried to deceive the audience with his elaborate magic tricks.
그는 정교한 마술로 관객을 속이려 했습니다.

✿ *confusion* 혼란, 혼동

The sudden change in plans caused a lot of confusion among the team members.
갑작스러운 계획 변경으로 인해 팀원들은 많은 혼란을 겪었습니다.

Ways to combat greenwashing include demanding transparency from companies, requiring credible certifications, and thoroughly verifying environmental claims.

그린워싱을 방지하는 방법에는 기업에 투명성을 요구하고, 신뢰할 수 있는 인증을 요구하며, 환경 관련 주장을 철저히 검증하는 것이 포함됩니다.

✿ *combat* 방지하다, 싸우다

New regulations aim to combat fraud in the financial sector.
새로운 규정은 금융 부문의 사기 방지하는 것을 목표로 합니다.

✿ *transparency* 투명성, 투명도

Transparency in communication helps prevent misunderstandings and builds stronger relationships.
소통의 투명성은 오해를 방지하고 더 강력한 관계를 구축하는 데 도움이 됩니다.

핵심 표현

주어진 문장을 알맞게 영작해 보세요.

1   그린워싱은 기업이 평판을 높이기 위해 환경 친화적인 척하는 것을 말합니다.

_____

2   이러한 기업은 상품, 서비스에 대해 과장되거나 오해의 소지가 있는 주장을 합니다.

_____

3   그들은 장기적인 잠재적 결과를 무시한 채 소규모 환경 노력을 지원할 수 있습니다.

_____

4   진정한 지속 가능성에 대한 혼란과 의구심을 불러일으킵니다.

_____

5   그린워싱을 방지하는 방법에는 기업에 투명성을 요구하는 것이 포함됩니다.

_____

모범 답안

1. Greenwashing refers to when companies pretend to be environmentally friendly to boost their reputation.
2. These businesses would make exaggerated or misleading claims about their goods, services.
3. They might support smaller environmental efforts while ignoring the potential long-term consequences.
4. It causes confusion and doubt about true sustainability.
5. Ways to combat greenwashing include demanding transparency from companies.

잘 모르거나 어려운 표현과 단어에 표시하면서 지문을 읽어보세요.

🔊 MP3 Unit07

Voice phishing (vishing) is the act of calling and deceiving someone to steal important personal information, while SMS phishing (smishing) employs fake text messages that lure recipients into clicking on dangerous links or sharing sensitive data. Both tactics exploit urgency and trust to take advantage of others.

보이스 피싱(비싱)은 중요한 개인 정보를 훔치기 위해 전화를 걸어 속이는 행위이며, SMS 피싱(스미싱)은 수신자가 위험한 링크를 클릭하거나 민감한 데이터를 공유하도록 유인하는 가짜 문자 메시지를 사용합니다. 두 가지 수법 모두 긴박감과 신뢰를 악용하여 다른 사람의 이득을 취합니다.

These scams not only lead to financial losses, credit damage, and identity theft but also emotional stress and anxiety.

이러한 사기는 금전적 손실, 신용 손상, 신원 도용뿐만 아니라 정신적 스트레스와 불안으로 이어집니다.

To avoid such attacks, be wary of unknown callers or senders and verify the validity of calls and texts by contacting organizations directly. Also, never share personal information or click on links from unidentifiable people. Make sure to stay educated about these scams to protect yourself from cyber threats.

이러한 공격을 피하려면 모르는 발신자나 발신자를 주의하고 조직에 직접 연락하여 전화와 문자의 유효성을 확인해야 합니다. 또한 개인 정보를 공유하거나 신원을 알 수 없는 사람이 보낸 링크를 클릭하지 마세요. 사이버 위협으로부터 자신을 보호하기 위해 이러한 사기에 대한 교육을 지속적으로 받도록 하세요.

이슈

보이스 피싱은 전화를 통해 개인 정보를 훔치는 수법이며, 스미싱은 가짜 문자 메시지로 수신자가 개인 정보를 공유하도록 유인하는 방식입니다. 두 수법 모두 긴박감을 조성하여 피해자의 신뢰를 악용하는 특징이 있습니다. 이러한 사기는 금전적 손실, 신용 손상, 신원 도용뿐만 아니라 정신적 스트레스와 불안을 초래합니다. 이를 예방하기 위해서는 모르는 발신자의 전화나 문자를 주의하고, 개인 정보를 공유하거나 출처가 불분명한 링크를 클릭하지 않도록 유의해야 합니다.

핵심 포인트

- 다양한 사기 수법

  bank fraud, government agency scams, fake alerts

- 개인과 사회에 미치는 영향

  increased stress, anxiety

- 예방 방법

  verify the source, avoid clicking on links, use security software

내용 분석

Voice phishing (vishing) is the act of calling and deceiving someone to steal important personal information, while SMS phishing (smishing) employs fake text messages that lure recipients into clicking on dangerous links or sharing sensitive data. Both tactics exploit urgency and trust to take advantage of others.

보이스 피싱(비싱)은 중요한 개인 정보를 훔치기 위해 전화를 걸어 속이는 행위이며, SMS 피싱(스미싱)은 수신자가 위험한 링크를 클릭하거나 민감한 데이터를 공유하도록 유인하는 가짜 문자 메시지를 사용합니다. 두 가지 수법 모두 긴박감과 신뢰를 악용하여 다른 사람의 이득을 취합니다.

✤ deceive 속이다, 기만하다

He tried to deceive her with a false promise of riches and fame.

그는 부와 명예에 대한 거짓 약속으로 그녀를 속이려 했습니다.

✤ lure 유인하다, 유혹하다

The scammer lured victims into investing in a fake company.

사기꾼은 피해자들을 가짜 회사에 투자하도록 유인했다.

These scams not only lead to financial losses, credit damage, and identity theft but also emotional stress and anxiety.

이러한 사기는 금전적 손실, 신용 손상, 신원 도용뿐만 아니라 정신적 스트레스와 불안으로 이어집니다.

✿ *credit n. 신용, 신용 거래*

Maintaining good credit is essential for securing loans and favorable interest rates.
좋은 신용을 유지하는 것은 대출과 유리한 이자율을 확보하는 데 필수적입니다.

✿ *identity theft 신원 도용*

Identity theft can ruin your credit and cause significant financial and legal issues.
신원 도용은 신용을 떨어뜨리고 심각한 재정적, 법적 문제를 일으킬 수 있습니다.

To avoid such attacks, be wary of unknown callers or senders and verify the validity of calls and texts by contacting organizations directly. Also, never share personal information or click on links from unidentifiable people. Make sure to stay educated about these scams to protect yourself from cyber threats.

이러한 공격을 피하려면 모르는 발신자나 발신자를 주의하고 조직에 직접 연락하여 전화와 문자의 유효성을 확인해야 합니다. 또한 개인 정보를 공유하거나 신원을 알 수 없는 사람이 보낸 링크를 클릭하지 마세요. 사이버 위협으로부터 자신을 보호하기 위해 이러한 사기에 대한 교육을 지속적으로 받도록 하세요.

✿ *be wary of ~을 경계하다*

I am wary of sharing my credit card details online.
온라인에서 신용카드 정보를 공유하는 것에 조심합니다.

✿ *verify 확인하다, 입증하다*

It's essential to verify your account details for security purposes.
보안을 위해 계정 세부 정보를 확인하는 것은 필수입니다.

핵심 표현

연습 문제

주어진 문장을 알맞게 영작해 보세요.

1 보이스 피싱(비싱)은 중요한 개인 정보를 훔치기 위해 전화를 걸어 속이는 행위입니다.

_____

2 이 수법은 긴박감과 신뢰를 악용하여 다른 사람의 이득을 취합니다.

_____

3 이러한 사기는 금전적 손실 뿐만 아니라 정신적 스트레스와 불안으로 이어집니다.

_____

4 모르는 발신자나 발신자를 주의해야 하고 전화의 유효성을 확인해야 합니다.

_____

5 사이버 위협으로부터 자신을 보호하기 위해 이러한 사기에 대한 교육을 지속적으로 받도록 하세요.

_____

모범 답안

1. Voice phishing (vishing) is the act of calling and deceiving someone to steal important personal information.
2. This tactic exploits urgency and trust to take advantage of others.
3. These scams not only lead to financial losses but also emotional stress and anxiety.
4. Be wary of unknown callers or senders and verify the validity of calls.
5. Make sure to stay educated about these scams to protect yourself from cyber threats.

정치, 경제

잘 모르거나 어려운 표현과 단어에 표시하면서 지문을 읽어보세요.

MP3 Unit08

Cryptocurrency is digital money that exists only on the internet. Unlike traditional money, it is not managed by banks or governments. Ownership information is recorded on a digital "book" called a "blockchain." In this book, special codes are used to keep data private and secure.

암호화폐는 인터넷 상에서만 존재하는 디지털 화폐입니다. 기존 화폐와 달리 은행이나 정부에서 관리하지 않습니다. 소유권 정보는 '블록체인'이라는 디지털 '장부'에 기록됩니다. 이 장부에서는 특수 코드를 사용하여 데이터를 비공개로 안전하게 보관합니다.

Despite its popularity, cryptocurrency comes with risks. Without regulatory agencies, the value of cryptocurrency is highly unstable. Insurance protection is scarce, and converting it to traditional currency, like US dollars, can be difficult.

암호화폐의 인기에도 불구하고 암호화폐에는 위험이 따릅니다. 규제 기관이 없으면 암호화폐의 가치는 매우 불안정합니다. 보험에 의한 보호도 거의 없으며, 미국 달러와 같은 기존 통화로 전환하는 것도 어려울 수 있습니다.

Bitcoin, Ethereum, and Tether are popular cryptocurrencies. Although they have gained growing public interest, high demand and limited supply make the cryptocurrency market highly unstable.

Potential investors should be wary of risks and always exercise caution along with thorough research.

비트코인, 이더리움, 테더는 인기 있는 암호화폐입니다. 대중의 관심이 높아지고 있지만, 높은 수요와 제한된 공급으로 인해 암호화폐 시장은 매우 불안정합니다. 잠재적 투자자는 위험을 경계하고 항상 철저한 조사와 함께 주의를 기울여야 합니다.

이슈

암호화폐는 은행이나 정부가 아닌 인터넷에서만 존재하는 디지털 화폐입니다. 소유 정보는 블록체인이라는 디지털 장부에 기록되며, 특수한 코드로 안전하게 보호됩니다. 하지만 규제 기관이 없어서 가치가 불안정하고, 보험 보호도 거의 없으며, 기존 화폐로 바꾸기 어려운 점이 있습니다. 비트코인, 이더리움, 테더 같은 암호화폐가 인기가 많지만, 수요가 높고 공급이 제한되어 있어서 시장이 불안정할 수 있습니다. 그래서 투자하려면 철저히 조사하고 신중하게 접근해야 합니다.

핵심 포인트

- 암호화폐

  cryptocurrency, digital money, blockchain, Bitcoin, Ethereum, Tether

- 암호화폐의 위험성

  high demand, limited supply, unstable, risk

- 투자 주의하기

  be wary of risks, exercise caution

내용 분석

Cryptocurrency is digital money that exists only on the internet. Unlike traditional money, it is not managed by banks or governments. Ownership information is recorded on a digital "book" called a "blockchain." In this book, special codes are used to keep data private and secure.

암호화폐는 인터넷 상에서만 존재하는 디지털 화폐입니다. 기존 화폐와 달리 은행이나 정부에서 관리하지 않습니다. 소유권 정보는 '블록체인'이라는 디지털 '장부'에 기록됩니다. 이 장부에서는 특수 코드를 사용하여 데이터를 비공개로 안전하게 보관합니다.

✿ private 비공개의, 사적인

She prefers to keep her personal life private and away from social media.
그녀는 사생활을 비공개로 하고 소셜 미디어를 멀리하는 것을 선호합니다.

✿ secure adj. 안전한

The bank provides a secure vault for customers to store their valuables.
은행은 고객이 귀중품을 보관할 수 있는 안전한 금고를 제공합니다.

Despite its popularity, cryptocurrency comes with risks. Without regulatory agencies, the value of cryptocurrency is highly unstable. Insurance protection is scarce, and converting it to traditional currency, like US dollars, can be difficult.

암호화폐의 인기에도 불구하고 암호화폐에는 위험이 따릅니다. 규제 기관이 없으면 암호화폐의 가치는 매우 불안정합니다. 보험에 의한 보호도 거의 없으며, 미국 달러와 같은 기존 통화로 전환하는 것도 어려울 수 있습니다.

✿ risk 위험

Investing in new ventures always carries some level of risk.
신생 기업에 대한 투자는 항상 어느 정도의 위험을 수반합니다.

✿ scarce adv. 거의 ~않다, 겨우 adj. 부족한, 귀한

Wildlife is scarce in the urban areas.
도시 지역에는 야생동물이 거의 없습니다.

Bitcoin, Ethereum, and Tether are popular cryptocurrencies. Although they have gained growing public interest, high demand and limited supply make the cryptocurrency market highly unstable. Potential investors should be wary of risks and always exercise caution along with thorough research.

비트코인, 이더리움, 테더는 인기 있는 암호화폐입니다. 대중의 관심이 높아지고 있지만, 높은 수요와 제한된 공급으로 인해 암호화폐 시장은 매우 불안정합니다. 잠재적 투자자는 위험을 경계하고 항상 철저한 조사와 함께 주의를 기울여야 합니다.

✿ limited supply 제한된 공급

Because of the limited supply, fresh produce prices increased significantly during the winter.
제한된 공급으로 인해 겨울철에는 신선식품 가격이 크게 상승했습니다.

✿ exercise caution 주의를 기울이다

When hiking in unfamiliar areas, always exercise caution to avoid getting lost or injured.
낯선 지역에서 하이킹을 할 때는 길을 잃거나 다치지 않도록 항상 주의를 기울이세요.

연습 문제

주어진 문장을 알맞게 영작해 보세요.

1   암호화폐는 인터넷 상에서만 존재하는 디지털 화폐입니다.

_____

2   이 장부에서는 특수 코드를 사용하여 데이터를 비공개로 안전하게 보관합니다.

_____

3   규제 기관이 없으면 암호화폐의 가치는 매우 불안정합니다.

_____

4   높은 수요와 제한된 공급으로 인해 암호화폐 시장은 매우 불안정합니다.

_____

5   잠재적 투자자는 위험을 경계하고 항상 철저한 조사와 함께 주의를 기울여야 합니다.

_____

모범 답안

1. Cryptocurrency is digital money that exists only on the internet.

2. In this book, special codes are used to keep data private and secure.

3. Without regulatory agencies, the value of cryptocurrency is highly unstable.

4. High demand and limited supply make the cryptocurrency market highly unstable.

5. Potential investors should be wary of risks and always exercise caution along with thorough research.

09 인플레이션

잘 모르거나 어려운 표현과 단어에 표시하면서 지문을 읽어보세요.

🔊MP3 Unit09

Inflation is the rise in prices of services and products over time, lowering the power of a currency.

인플레이션은 시간이 지남에 따라 서비스 및 제품 가격이 상승하여 통화의 가치를 떨어뜨리는 현상입니다.

Price hikes occur when production costs rise or there is more demand for goods and services than the available supply. For example, in Venezuela, when prices shot up uncontrollably, the economy was severely impacted. Described as hyperinflation, this occurrence reduces consumers' confidence to spend money.

가격 인상은 생산 비용이 상승하거나 상품과 서비스에 대한 수요가 공급보다 많을 때 발생합니다. 예를 들어 베네수엘라에서는 물가가 통제할 수 없을 정도로 치솟아 경제가 심각한 타격을 입었습니다. 하이퍼인플레이션이라고 불리는 이러한 상황은 소비자들의 소비 심리를 위축시킵니다.

Since hyperinflation disrupts economic stability and causes economic hardship, prevention measures such as controlling the national money supply, tracking production costs, and maintaining a balanced supply and demand are necessary.

하이퍼인플레이션은 경제 안정을 저해하고 경제적 어려움을 초래하므로 국가 통화 공급을 통제하고 생산 비용을 추적하며 균형 잡힌 수요와 공급을 유지하는 등의 예방 조치가 필요합니다.

Understanding inflation is important in making smart financial decisions related to living expenses and taking out loans. Inflation should be managed effectively to ensure stable economic growth.

인플레이션을 이해하는 것은 생활비 및 대출과 관련된 현명한 재정적 결정을 내리는 데 중요합니다. 안정적인 경제 성장을 위해서는 인플레이션을 효과적으로 통제해야 합니다.

이슈

인플레이션은 시간이 지남에 따라 서비스와 제품 가격이 상승해 통화의 가치가 하락하는 현상입니다. 생산 비용 증가나 수요 과다로 인해 발생하며, 베네수엘라의 하이퍼인플레이션 사례처럼 경제에 심각한 타격을 줄 수 있습니다. 하이퍼인플레이션은 소비 심리를 위축시키고 경제 안정을 저해하므로, 국가 통화 공급 통제, 생산 비용 추적, 수요와 공급의 균형 유지 등의 예방 조치가 필요합니다. 인플레이션을 이해하고 관리하는 것은 안정적인 경제 성장을 위해 필수적입니다.

핵심 포인트

- 인플레이션의 정의와 원인

  the power of a currency, price hikes

- 하이퍼인플레이션의 영향

  hyperinflation, disrupts economic stability, economic hardship

내용 분석

Inflation is the rise in prices of services and products over time, lowering the power of a currency.

인플레이션은 시간이 지남에 따라 서비스 및 제품 가격이 상승하여 통화의 가치를 떨어뜨리는 현상입니다.

✿ *currency* 통화, 통용

The currency exchange rate affects international trade and travel costs.

환율은 국제 무역 및 여행 비용에 영향을 미칩니다.

Price hikes occur when production costs rise or there is more demand for goods and services than the available supply. For example, in Venezuela, when prices shot up uncontrollably, the economy was severely impacted. Described as hyperinflation, this occurrence reduces consumers' confidence to spend money.

가격 인상은 생산 비용이 상승하거나 상품과 서비스에 대한 수요가 공급보다 많을 때 발생합니다. 예를 들어 베네수엘라에서는 물가가 통제할 수 없을 정도로 치솟아 경제가 심각한 타격을 입었습니다. 하이퍼인플레이션이라고 불리는 이러한 상황은 소비자들의 소비 심리를 위축시킵니다.

✿ *price hike* 가격 인상

The sudden price hike in fuel caused widespread concern among consumers.
갑작스러운 연료 가격 인상으로 소비자들의 우려가 커졌습니다.

✿ *demand* 수요, 요구

The high demand for electric vehicles is driving innovation in the automative industry.
전기 자동차에 대한 높은 수요는 자동차 산업의 혁신을 주도하고 있습니다.

Since hyperinflation disrupts economic stability and causes economic hardship, prevention measures such as controlling the national money supply, tracking production costs, and maintaining a balanced supply and demand are necessary.
하이퍼인플레이션은 경제 안정을 저해하고 경제적 어려움을 초래하므로 국가 통화 공급을 통제하고 생산 비용을 추적하며 균형 잡힌 수요와 공급을 유지하는 등의 예방 조치가 필요합니다.

✿ *disrupt* 저해하다, 방해하다

The road construction will disrupt traffic for several weeks.
도로 공사로 인해 몇 주 동안 교통에 방해가 될 것입니다.

✿ *prevention measure* 예방 조치, 방지 대책

Regular handwashing is an effective prevention measure against the spread of germs.
규칙적인 손씻기는 세균 확산을 방지하는 효과적인 예방 조치입니다.

Understanding inflation is important in making smart financial decisions related to living expenses and taking out loans. Inflation should be managed effectively to ensure stable economic growth.
인플레이션을 이해하는 것은 생활비 및 대출과 관련된 현명한 재정적 결정을 내리는 데 중요합니다. 안정적인 경제 성장을 위해서는 인플레이션을 효과적으로 통제해야 합니다.

✿ *living expenses* 생활비, 생계비

Rent is a significant living expense for many families.
식료품비는 모든 가정에서 기본적인 생활비입니다.

✿ *stable* 안정적인, 안정된

A stable job provides financial security and peace of mind.
안정적인 직업은 재정적 안정과 마음의 평화를 제공합니다.

주어진 문장을 알맞게 영작해 보세요.

1   인플레이션은 시간이 지남에 따라 서비스 및 제품 가격이 상승하여 통화의 가치를 떨어뜨리는 현상입니다.

2   가격 인상은 생산 비용이 상승할 때 발생합니다.

3   하이퍼인플레이션이라고 불리는 이러한 상황은 소비자들의 소비 심리를 위축시킵니다.

4   하이퍼인플레이션은 경제 안정을 저해하고 경제적 어려움을 초래합니다.

5   안정적인 경제 성장을 위해서는 인플레이션을 효과적으로 통제해야 합니다.

모범 답안

1. Inflation is the rise in prices of services and products over time, lowering the power of a currency.
2. Price hikes occur when production costs rise.
3. Described as hyperinflation, this occurrence reduces consumers' confidence to spend money.
4. Hyperinflation disrupts economic stability and causes economic hardship.
5. Inflation should be managed effectively to ensure stable economic growth.

정년 연장과 일자리 제도 개선

잘 모르거나 어려운 표현과 단어에 표시하면서 지문을 읽어보세요.

MP3 Unit10

Deferred retirement is delaying retirement past the normal age in order to improve one's financial security and stay professionally active. It is a trend that benefits both individuals and the labor market.

정년 연장은 재정적 안정을 도모하고 직업적으로 계속 활동하기 위해 정상 연령 이후로 은퇴를 늦추는 것을 말합니다. 이는 개인과 노동 시장 모두에게 이익이 되는 추세입니다.

As a result, flexible working arrangements for older workers, such as part-time opportunities, remote work, and consulting roles, are becoming more available. These allow them to stay productive and achieve a healthier work-life balance.

그 결과 유연 근로 제도, 원격 근무, 컨설팅 역할 등 고령 근로자를 위한 유연한 근무 방식이 점점 더 많이 활용되고 있습니다. 이를 통해 생산성을 유지하고 일과 삶의 균형을 더욱 건강하게 유지할 수 있습니다.

This trend also helps resolve labor shortages by keeping skilled workers in the labor force, which preserves their knowledge and wisdom, and supports a multi-generational workforce. Plus, actively working improves older workers' mental sharpness, sense of purpose, and social interactions.

또한 이러한 추세는 숙련된 근로자가 노동력을 유지함으로써 그들의 지식과 지혜를 보존하고 여러 세대의 인력을 지원함으로써 노동력 부족 문제를 해결하는 데 도움이 됩니다. 또한 적극적으로 일하는 것은 고령 근로자의 정신적 예리함, 목적의식, 사회적 상호작용을 향상시킵니다.

In summary, deferred retirement promotes an experienced workforce and benefits society as a whole.

요약하면, 정년 연장은 숙련된 인력을 양성하고 사회 전체에 도움이 됩니다.

이슈

정년 연장은 재정적 안정을 도모하고 직업 활동을 지속하기 위해 정상 은퇴 연령을 늦추는 제도입니다. 이로 인해 고령 근로자를 위한 파트타임, 원격 근무, 컨설팅 등의 유연한 근무 방식이 확산되고 있습니다. 이러한 추세는 숙련된 인력을 노동 시장에 유지시켜 노동력 부족 문제를 해결하는 데 기여하며, 고령 근로자의 정신적 예리함과 사회적 상호작용을 향상시킵니다. 정년 연장은 결과적으로 숙련된 인력을 보존하고 사회 전반에 긍정적인 영향을 미칩니다.

핵심 포인트

- 정년 연장의 개인적 이점

  financial security, stay active, mental sharpness, sense of purpose, social interaction

- 정년 연장의 사회적 이점

  resolve labor shortages, multi-generational workforce

- 고령 근로자를 위한 유연한 근무 방식

  flexible working arrangement, part-time opportunity, remote work, consulting role

내용 분석

Deferred retirement is delaying retirement past the normal age in order to improve one's financial security and stay professionally active. It is a trend that benefits both individuals and the labor market.

정년 연장은 재정적 안정을 도모하고 직업적으로 계속 활동하기 위해 정상 연령 이후로 은퇴를 늦추는 것을 말합니다. 이는 개인과 노동 시장 모두에게 이익이 되는 추세입니다.

✿ deferred retirement 정년 연장

Many workers choose deferred retirement, extending their careers for financial stability.
많은 근로자가 재정적 안정을 위해 경력을 연장하는 정년 연장을 선택합니다.

✿ labor market 노동 시장

The labor market has become increasingly competitive with the rise of new industries.
새로운 산업이 부상하면서 노동 시장은 점점 더 경쟁이 치열해지고 있습니다.

As a result, flexible working arrangements for older workers, such as part-time opportunities, remote work, and consulting roles, are becoming more available. These allow them to stay productive and achieve a healthier work-life balance.

그 결과 유연 근로 제도, 원격 근무, 컨설팅 역할 등 고령 근로자를 위한 유연한 근무 방식이 점점 더 많이 활용되고 있습니다. 이를 통해 생산성을 유지하고 일과 삶의 균형을 더욱 건강하게 유지할 수 있습니다.

✻ flexible working arrangement 유연 근로 제도, 유연 근무 제도

Flexible working arrangements increase job satisfaction.

유연 근무 제도는 업무 만족도를 높입니다.

✻ remote work 원격 근무

Remote work offers employees greater flexibility and convenience.

원격 근무는 직원들에게 더 큰 유연성과 편리함을 제공합니다.

This trend also helps resolve labor shortages by keeping skilled workers in the labor force, which preserves their knowledge and wisdom, and supports a multi-generational workforce. Plus, actively working improves older workers' mental sharpness, sense of purpose, and social interactions.

또한 이러한 추세는 숙련된 근로자가 노동력을 유지함으로써 그들의 지식과 지혜를 보존하고 여러 세대의 인력을 지원함으로써 노동력 부족 문제를 해결하는 데 도움이 됩니다. 또한 적극적으로 일하는 것은 고령 근로자의 정신적 예리함, 목적의식, 사회적 상호 작용을 향상시킵니다.

✻ labor shortage 노동력 부족

The construction industry is facing a significant labor shortage, delaying many projects.

건설 업계는 심각한 노동력 부족에 직면하여 많은 프로젝트가 지연되고 있습니다.

✻ preserve 보존하다, 지키다

Efforts are being made to preserve the historic building for future generations.

미래 세대를 위해 역사적인 건물을 보존하기 위한 노력이 계속되고 있습니다.

In summary, deferred retirement promotes an experienced workforce and benefits society as a whole.

요약하면, 정년 연장은 숙련된 인력을 양성하고 사회 전체에 도움이 됩니다.

✻ benefit ~에 도움이 되다, 이롭다

Learning a second language can benefit your career prospects.

제2외국어를 배우면 커리어 전망에도 도움이 될 수 있습니다.

연습 문제

주어진 문장을 알맞게 영작해 보세요.

1   정년 연장은 직업적으로 계속 활동하기 위해 정상 연령 이후로 은퇴를 늦추는 것을 말합니다.

_____

2   이는 개인과 노동 시장 모두에게 이익이 되는 추세입니다.

_____

3   고령 근로자를 위한 유연 근무 방식이 점점 더 많이 활용되고 있습니다.

_____

4   이러한 추세는 숙련된 근로자가 노동력을 유지함으로써 노동력 부족 문제를 해결하는 데 도움이 됩니다.

_____

5   정년 연장은 숙련된 인력을 양성하고 사회 전체에 도움이 됩니다.

_____

모범 답안

1. Deferred retirement is delaying retirement past the normal age in order to stay professionally active.
2. It is a trend that benefits both individuals and the labor market.
3. Flexible working arrangements for older workers are becoming more available.
4. This trend helps resolve labor shortages by keeping skilled workers in the labor force.
5. Deferred retirement promotes an experienced workforce and benefits society as a whole.

생활, 건강

잘 모르거나 어려운 표현과 단어에 표시하면서 지문을 읽어보세요.

MP3　Unit11

COVID-19 was caused by the spread of the coronavirus starting in 2019 and quickly became a global pandemic. Because the illness ranges from mild to severe, governments used lockdowns, social distancing measures, and mask mandates to control it. Vaccines were also quickly developed to prevent further social and economic damage.

코로나19는 2019년에 시작된 코로나바이러스의 확산으로 인해 발생했으며, 빠르게 전 세계적인 팬데믹이 되었습니다. 가벼운 증상부터 심각한 증상까지 다양한 증상을 보이기 때문에 각국 정부는 봉쇄, 사회적 거리두기, 마스크 착용 의무 등의 조치를 통해 코로나19를 통제했습니다. 더 큰 사회적, 경제적 피해를 막기 위해 백신도 신속하게 개발되었습니다.

Now, COVID-19 has become endemic, meaning that it will likely persist similar to the flu. People will need periodic booster shots every now and then. Businesses should be prepared to deal with seasonal surges and stay up to date with vaccination protocols.

이제 코로나19는 유행병으로 자리 잡았으며, 이는 독감과 비슷하게 지속될 가능성이 높다는 것을 의미합니다. 사람들은 때때로 주기적으로 추가 주사를 맞아야 할 것입니다. 기업은 계절적 급증에 대처하고 백신 접종 프로토콜을 최신 상태로 유지할 수 있도록 준비해야 합니다.

This transition into the endemic phase requires integrating COVID-19 management practices into everyday operations and ensuring that businesses adopt effective strategies to handle its impact.

엔데믹 단계로의 전환을 위해서는 코로나19 관리 관행을 일상 업무에 통합하고 기업이 코로나19의 영향에 대처할 수 있는 효과적인 전략을 채택해야 합니다.

이슈

코로나19는 2019년 시작된 코로나바이러스 확산으로 발생한 팬데믹입니다. 각국 정부는 봉쇄, 사회적 거리두기, 마스크 착용 의무 등의 조치를 통해 확산을 억제했으며, 백신이 신속히 개발되었습니다. 현재 코로나19는 독감처럼 지속될 가능성이 높은 엔데믹으로 전환되었으며, 주기적인 추가 접종이 필요할 것으로 보입니다. 기업들은 계절적 확산에 대비하고 백신 접종 프로토콜을 유지하는 등 일상 운영에 코로나19 관리 전략을 통합해야 합니다.

핵심 포인트

- COVID-19의 발생 및 대응
  corona virus, spread, pandemic, lockdown, social distancing, vaccines

- 엔데믹 전환
  endemic, endemic phase, similar to flu

- 비즈니스 대비
  stay up to date, adopt strategy, handle impact

내용 분석

COVID-19 was caused by the spread of the coronavirus starting in 2019 and quickly became a global pandemic.
코로나19는 2019년에 시작된 코로나바이러스의 확산으로 인해 발생했으며, 빠르게 전 세계적인 팬데믹이 되었습니다.

✿ *spread 확산*

The spread of the virus was controlled due to effective quarantine measures.
효과적인 방역 조치로 바이러스 확산이 통제되었습니다.

Because the illness ranges from mild to severe, governments used lockdowns, social distancing measures, and mask mandates to control it. Vaccines were also quickly developed to prevent further social and economic damage.
가벼운 증상부터 심각한 증상까지 다양한 증상을 보이기 때문에 각국 정부는 봉쇄, 사회적 거리두기, 마스크 착용 의무 등의 조치를 통해 코로나19를 통제했습니다. 더 큰 사회적, 경제적 피해를 막기 위해 백신도 신속하게 개발되었습니다.

핵심 표현

✿ *mandate n. 의무, 명령 v. 명령하다*

*The school's **mandate** includes promoting inclusivity and diversity among students and staff.*
학교의 의무에는 학생과 교직원 간의 포용성과 다양성을 증진하는 것이 포함됩니다.

✿ *prevent 막다, 보호하다*

*Installing smoke detectors in your home can help **prevent** fire-related injuries.*
집에 연기 감지기를 설치하면 화재로 인한 피해를 막을 수 있습니다.

Now, COVID-19 has become endemic, meaning that it will likely persist similar to the flu. People will need periodic booster shots every now and then. Businesses should be prepared to deal with seasonal surges and stay up to date with vaccination protocols.
이제 코로나19는 유행병으로 자리 잡았으며, 이는 독감과 비슷하게 지속될 가능성이 높다는 것을 의미합니다. 사람들은 때때로 주기적으로 추가 주사를 맞아야 할 것입니다. 기업은 계절적 급증에 대처하고 백신 접종 프로토콜을 최신 상태로 유지할 수 있도록 준비해야 합니다.

✿ *deal with 대처하다, 처리하다*

*Managers must be prepared to **deal with** conflicts within their teams effectively.*
관리자는 팀 내 갈등을 효과적으로 대처하도록 준비해야 합니다

✿ *up to date 최신의, 최신 유행의*

*It is essential to keep your software **up to date** to protect against security vulnerabilities.*
새 일자리에 지원하기 전에 이력서가 최신 상태인지 확인하세요.

This transition into the endemic phase requires integrating COVID-19 management practices into everyday operations and ensuring that businesses adopt effective strategies to handle its impact.
엔데믹 단계로의 전환을 위해서는 코로나19 관리 관행을 일상 업무에 통합하고 기업이 코로나19의 영향에 대처할 수 있는 효과적인 전략을 채택해야 합니다.

✿ *phase 단계*

*The project is entering its final **phase** before completion.*
프로젝트가 완료되기 전 마지막 단계에 접어들고 있습니다.

✿ *handle 대처하다, 다루다*

*She knows how to **handle** difficult customers with patience and professionalism.*
그녀는 인내심과 전문성을 가지고 까다로운 고객을 응대하는 방법을 잘 알고 있습니다.

핵심 표현

연습 문제

주어진 문장을 알맞게 영작해 보세요.

1 코로나19는 2019년에 시작된 코로나바이러스의 확산으로 인해 발생했으며, 빠르게 전 세계적인 팬데믹이 되었습니다.

_____

2 각국 정부는 사회적 거리두기, 마스크 착용 의무 등의 조치를 통해 코로나19를 통제했습니다.

_____

3 사람들은 때때로 주기적으로 추가 주사를 맞아야 할 것입니다.

_____

4 기업은 계절적 급증에 대처할 수 있도록 준비해야 합니다.

_____

5 엔데믹 단계로의 전환을 위해서는 기업이 코로나19의 영향에 대처할 수 있는 효과적인 전략을 채택해야 합니다.

_____

모범 답안

1. COVID-19 was caused by the spread of the coronavirus starting in 2019 and quickly became a global pandemic.

2. Governments used social distancing measures, and mask mandates to control it.

3. People will need periodic booster shots every now and then.

4. Businesses should be prepared to deal with seasonal surges.

5. This transition into the endemic phase requires ensuring that businesses adopt effective strategies to handle its impact.

잘 모르거나 어려운 표현과 단어에 표시하면서 지문을 읽어보세요.

🔊 MP3 Unit12

Mental health plays a large role in our overall well-being and influences our thoughts, feelings, and actions. It affects how we cope with stress, form relationships, and make decisions. Depression is one common mental health issue where people suffer from persistent sadness, helplessness, and a lack of motivation. This condition can seriously impact one's quality of life and make it tough to go about work, school, and social activities.

정신 건강은 우리의 전반적인 건강에 큰 역할을 하며 우리의 생각, 감정, 행동에 영향을 미칩니다. 스트레스에 대처하고, 관계를 형성하고, 결정을 내리는 방식에도 영향을 미칩니다. 우울증은 지속적인 슬픔, 무력감, 동기 부여 결여로 고통받는 흔한 정신 건강 문제 중 하나입니다. 우울증은 삶의 질에 심각한 영향을 미치고 직장, 학교, 사회 활동을 하기 어렵게 만들 수 있습니다.

Helpful ways to manage mental health include consistent self-care, seeking help as necessary, and identifying emotional problems immediately. Also, the misunderstandings surrounding mental health should be eliminated so that individuals can find support more easily. Mindful and empathetic care is essential for addressing conditions like depression and encouraging long-term mental well-being.

정신 건강을 관리하는 유용한 방법에는 지속적인 자기 관리, 필요에 따라 도움을 요청하는 것, 그리고 감정적인 문제를 즉시 확인하는 것이 포함됩니다. 또한, 개인이 더 쉽게 지원을 찾을 수 있도록 정신 건강을 둘러싼 오해를 해소해야 합니다. 마음을 다스리고 공감하는 치료는 우울증과 같은 상태를 해결하고 장기적인 정신 건강을 장려하는 데 필수적입니다.

이슈

정신 건강은 우리의 생각, 감정, 행동에 큰 영향을 미치며, 스트레스 대처, 관계 형성, 의사 결정에 중요한 역할을 합니다. 우울증은 지속적인 슬픔과 무력감으로 고통받는 흔한 정신 건강 문제로, 삶의 질을 저하시켜 일상 활동을 어렵게 만듭니다. 정신 건강을 관리하기 위해서는 꾸준한 자기 관리와 필요 시 도움을 요청하는 것이 중요하며, 정신 건강에 대한 오해를 해소하여 지원을 더 쉽게 받을 수 있어야 합니다. 공감적이고 신중한 치료가 장기적인 정신 건강을 돕는 핵심입니다.

핵심 포인트

- 정신 건강이 삶에 미치는 상황

  cope with stress, form relationships, make decisions

- 정신 건강 문제 - 우울증

  sadness, helplessness, lack of motivation

- 정신 건강 관리 방법

  self-care, seeking help, identifying emotional problems, long-term mental well-being

내용 분석

Mental health plays a large role in our overall well-being and influences our thoughts, feelings, and actions. It affects how we cope with stress, form relationships, and make decisions.

정신 건강은 우리의 전반적인 건강에 큰 역할을 하며 우리의 생각, 감정, 행동에 영향을 미칩니다. 스트레스에 대처하고, 관계를 형성하고, 결정을 내리는 방식에도 영향을 미칩니다.

✿ *play a role ~ 역할을 하다*

  Running is an exercise that plays a good role in making your body and mind healthy.
  달리기는 신체와 정신을 건강하게 만드는데 좋은 역할을 하는 운동입니다.

✿ *make a decision 결정을 하다*

  It is a good way to refer to other people's opinion when making decisions.
  결정을 내릴 때 다른 사람의 의견을 참고하는 것은 좋은 방법입니다.

핵심 표현

Depression is one common mental health issue where people suffer from persistent sadness, helplessness, and a lack of motivation. This condition can seriously impact one's quality of life and make it tough to go about work, school, and social activities.

우울증은 지속적인 슬픔, 무력감, 동기 부여 결여로 고통받는 흔한 정신 건강 문제 중 하나입니다. 우울증은 삶의 질에 심각한 영향을 미치고 직장, 학교, 사회 활동을 하기 어렵게 만들 수 있습니다.

✿ suffer from ~로 고통받다

Many people all over the world suffer from depression.
전 세계 많은 사람들이 우울증으로 심한 고통을 받고 있습니다.

✿ motivation 동기부여

Motivation can be a big driving force in your life.
동기부여는 살아가는 데 큰 원동력이 될 수 있습니다.

Helpful ways to manage mental health include consistent self-care, seeking help as necessary, and identifying emotional problems immediately. Also, the misunderstandings surrounding mental health should be eliminated so that individuals can find support more easily.

정신 건강을 관리하는 유용한 방법에는 지속적인 자기 관리, 필요에 따라 도움을 요청하는 것, 그리고 감정적인 문제를 즉시 확인하는 것이 포함됩니다. 또한, 개인이 더 쉽게 지원을 찾을 수 있도록 정신 건강을 둘러싼 오해를 해소해야 합니다.

✿ consistent 지속적인

Her consistent effort in studying led to significant improvements in her grades.
그녀의 공부에 대한 지속적인 노력은 성적 향상으로 이어졌습니다.

✿ eliminate 없애다, 제거하다

The new policy aims to eliminate unnecessary paperwork in the office.
새로운 정책은 사무실에서 불필요한 서류 작업을 없애는 것을 목표로 합니다.

Mindful and empathetic care is essential for addressing conditions like depression and encouraging long-term mental well-being.

마음을 다스리고 공감하는 치료는 우울증과 같은 상태를 해결하고 장기적인 정신 건강을 장려하는 데 필수적입니다.

✿ empathetic 공감하는

The empathetic attitude with what others say is important in human relationships.
다른 사람의 말에 공감하는 태도는 인간관계에서 중요합니다.

✿ encourage 장려하다, 용기를 북돋우다

Parents should encourage their children to explore their interests and talents.
부모는 자녀가 자신의 관심사와 재능을 탐색하도록 장려해야 합니다.

핵심 표현

연습 문제

주어진 문장을 알맞게 영작해 보세요.

1   정신 건강은 스트레스에 대처하고, 관계를 형성하고, 결정을 내리는 방식에 영향을 미칩니다.

_____

2   우울증은 지속적인 슬픔으로 고통받는 흔한 정신 건강 문제 중 하나입니다.

_____

3   정신 건강을 관리하는 유용한 방법에는 지속적인 자기 관리를 하는 것이 포함됩니다.

_____

4   정신 건강을 둘러싼 오해를 해소해야 합니다.

_____

5   마음을 다스리고 공감하는 치료는 우울증과 같은 상태를 해결하는 데 필수적입니다.

_____

모범 답안

1. Mental health affects how we cope with stress, form relationships, and make decisions.
2. Depression is one common mental health issue where people suffer from persistent sadness.
3. Helpful ways to manage mental health include consistent self-care.
4. The misunderstandings surrounding mental health should be eliminated.
5. Mindful and empathetic care is essential for addressing conditions like depression.

대사 증후군

잘 모르거나 어려운 표현과 단어에 표시하면서 지문을 읽어보세요.

🔊 MP3 Unit13

Metabolic syndrome is defined as a combination of conditions that lead to increased risk of stroke, type 2 diabetes, and heart disease. Common symptoms are high blood pressure and sugar levels, excess belly fat, and unusual amounts of cholesterol. The presence of just one of these symptoms does not imply that one undoubtedly has metabolic syndrome, but experiencing several at once may be a serious health risk.

대사 증후군은 뇌졸중, 제2형 당뇨병, 심장병의 위험을 증가시키는 여러 질환의 조합으로 정의됩니다. 일반적인 증상은 고혈압과 혈당 수치, 과도한 복부 지방, 비정상적인 양의 콜레스테롤입니다. 이러한 증상 중 하나만 있다고 해서 반드시 대사증후군이 있다는 의미는 아니지만, 여러 가지 증상이 한꺼번에 나타나면 심각한 건강상의 위험이 될 수 있습니다.

Obesity, lack of physical activity, and insulin resistance are several main causes of metabolic syndrome. To manage metabolic syndrome, it is necessary to consume healthy foods, exercise consistently, and stay within a healthy weight range. Early intervention can help to support one's overall well-being by preventing the onset of more severe health problems.

비만, 신체 활동 부족, 인슐린 저항성은 대사 증후군의 주요 원인입니다. 대사증후군을 관리하려면 건강한 음식을 섭취하고, 꾸준히 운동하며, 건강한 체중 범위를 유지하는 것이 필요합니다. 조기에 개입하면 더 심각한 건강 문제의 발병을 예방하여 전반적인 건강을 유지하는 데 도움이 될 수 있습니다.

이슈

대사 증후군은 뇌졸중, 제2형 당뇨병, 심장병의 위험을 높이는 여러 질환의 조합으로, 고혈압, 고혈당, 복부 비만, 비정상적인 콜레스테롤 수치가 주요 증상입니다. 비만, 운동 부족, 인슐린 저항성이 주요 원인으로 작용하며, 이를 관리하기 위해서는 건강한 식단과 꾸준한 운동, 적정 체중 유지가 필요합니다. 조기에 대처하면 더 심각한 건강 문제를 예방할 수 있습니다. 대사 증후군 관리는 전반적인 건강 유지에 중요한 역할을 합니다.

핵심 포인트

- 대사 증후군의 정의와 증상

  metabolic syndrome, stroke, type 2 diabetes, heart disease, high blood pressure, sugar level, belly fat, cholesterol

- 대사 증후군의 주요 원인

  obesity, lack of physical activity, insulin resistance

- 관리 및 예방

  consume healthy food, exercise, healthy weight range

내용 분석

Metabolic syndrome **is defined as a combination of** conditions **that lead to increased** risk **of** stroke**,** type 2 diabetes**, and** heart disease**.**
대사 증후군은 뇌졸중, 제2형 당뇨병, 심장병의 위험을 증가시키는 여러 질환의 조합으로 정의됩니다.

✿ *syndrome 증후군*

Chronic fatigue syndrome is characterized by extreme tiredness that doesn't improve with rest.
만성 피로 증후군은 휴식을 취해도 나아지지 않는 극심한 피로가 특징입니다.

✿ *condition 질환, 상태*

Diabetes is a chronic condition that requires ongoing management and care.
당뇨병은 지속적인 관리와 치료가 필요한 만성 질환입니다.

Common symptoms are high blood pressure and sugar levels, excess belly fat, and unusual amounts of cholesterol. The presence of just one of these symptoms does not imply that one undoubtedly has metabolic syndrome, but experiencing several at once may be a serious health risk.

일반적인 증상은 고혈압과 혈당 수치, 과도한 복부 지방, 비정상적인 양의 콜레스테롤입니다. 이러한 증상 중 하나만 있다고 해서 반드시 대사증후군이 있다는 의미는 아니지만, 여러 가지 증상이 한꺼번에 나타나면 심각한 건강상의 위험이 될 수 있습니다.

✿ symptom 증상

Fever is a common symptom of many infections.
발열은 많은 감염의 일반적인 증상입니다.

✿ health risk 건강상의 위험

Exposure to secondhand smoke poses a serious health risk.
간접흡연에 노출되는 것은 심각한 건강 위험을 초래합니다.

Obesity, lack of physical activity, and insulin resistance are several main causes of metabolic syndrome. To manage metabolic syndrome, it is necessary to consume healthy foods, exercise consistently, and stay within a healthy weight range. Early intervention can help to support one's overall well-being by preventing the onset of more severe health problems.

비만, 신체 활동 부족, 인슐린 저항성은 대사 증후군의 주요 원인입니다. 대사증후군을 관리하려면 건강한 음식을 섭취하고, 꾸준히 운동하며, 건강한 체중 범위를 유지하는 것이 필요합니다. 조기에 개입하면 더 심각한 건강 문제의 발병을 예방하여 전반적인 건강을 유지하는 데 도움이 될 수 있습니다.

✿ consume 섭취하다, 소비하다

It's important to consume a balanced diet for optimal health.
최적의 건강을 위해서는 균형 잡힌 식단을 섭취하는 것이 중요합니다.

✿ intervention 개입, 간섭

Timely medical intervention can prevent the spread of infectious diseases.
시기적절한 의학적 개입은 감염병의 확산을 막을 수 있습니다.

핵심 표현

주어진 문장을 알맞게 영작해 보세요.

1   대사 증후군은 뇌졸중, 제2형 당뇨병의 위험을 증가시키는 여러 질환의 조합으로 정의됩니다.

   _____

2   일반적인 증상은 고혈압과 비정상적인 양의 콜레스테롤입니다.

   _____

3   여러 가지 증상이 한꺼번에 나타나면 심각한 건강상의 위험이 될 수 있습니다.

   _____

4   비만과 인슐린 저항성은 대사 증후군의 주요 원인입니다.

   _____

5   대사증후군을 관리하려면 건강한 음식을 섭취하고 꾸준히 운동하는 것이 필요합니다.

   _____

모범 답안

1. Metabolic syndrome is defined as a combination of conditions that lead to increased risk of stroke and type 2 diabetes.
2. Common symptoms are high blood pressure and unusual amounts of cholesterol.
3. Experiencing several at once may be a serious health risk.
4. Obesity and insulin resistance are several main causes of metabolic syndrome.
5. To manage metabolic syndrome, it is necessary to consume healthy foods and exercise consistently.

IT, 테크놀로지

인공지능(AI)

잘 모르거나 어려운 표현과 단어에 표시하면서 지문을 읽어보세요.

🔊 MP3   Unit14

Artificial Intelligence (AI) is a rapidly evolving tool that creates systems to perform tasks that mimic human intelligence, like problem-solving and pattern recognition. AI is used in virtual assistants, autonomous vehicles, data analysis, and medical diagnostics.

인공 지능(AI)은 문제 해결과 패턴 인식 등 인간의 지능을 모방한 작업을 수행하는 시스템을 만드는 빠르게 진화하는 도구입니다. AI는 가상 비서, 자율 주행 차량, 데이터 분석, 의료 진단 등에 사용됩니다.

One type of AI is narrow AI, which performs specific tasks like facial recognition. On the other hand, general AI tries to complete intellectual tasks exactly like a human would.

AI의 한 유형은 얼굴 인식과 같은 특정 작업을 수행하는 좁은 의미의 AI입니다. 반면에 일반 AI는 인간과 똑같은 지적 작업을 완수하려고 노력합니다.

AI enhances businesses' efficiency by automating operations and can improve healthcare by assisting with diagnoses and treatment plans. However, some of its challenges include ethical concerns, job displacements, and data privacy problems.

AI는 운영을 자동화하여 비즈니스의 효율성을 높이고 진단 및 치료 계획을 지원하여 의료 서비스를 개선할 수 있습니다. 그러나 윤리적 문제, 일자리 대체, 데이터 프라이버시 문제 등 몇 가지 과제를 안고 있습니다.

In short, despite the challenges and with careful management, AI can retransform entire industries and people's daily lives.

요컨대, 이러한 과제에도 불구하고 신중한 관리를 통해 AI는 전체 산업과 사람들의 일상을 재편할 수 있습니다.

이슈

인공지능(AI)은 인간의 지능을 모방하여 문제 해결, 패턴 인식 등의 작업을 수행하는 기술로, 가상 비서, 자율 주행 차량, 데이터 분석, 의료 진단 등에 사용됩니다. 좁은 의미의 AI는 특정 작업을 수행하고, 일반 AI는 인간과 유사한 지적 작업을 목표로 합니다. AI는 비즈니스 효율성을 높이고 의료 서비스 개선에 기여하지만, 윤리적 문제, 일자리 대체, 데이터 프라이버시 등의 과제도 안고 있습니다. 신중한 관리를 통해 AI는 산업과 일상을 변화시킬 수 있습니다.

핵심 포인트

- 인공지능(AI) 활용 분야

  problem-solving, pattern recognition, virtual assistants

- 인공지능(AI)의 장점

  businesses' efficiency, automating operations, improve healthcare

- 인공지능(AI)의 문제점

  ethical concerns, job displacements, data privacy problems

내용 분석

Artificial Intelligence (AI) is a rapidly evolving tool that creates systems to perform tasks that mimic human intelligence, like problem-solving and pattern recognition. AI is used in virtual assistants, autonomous vehicles, data analysis, and medical diagnostics.
인공 지능(AI)은 문제 해결과 패턴 인식 등 인간의 지능을 모방한 작업을 수행하는 시스템을 만드는 빠르게 진화하는 도구입니다. AI는 가상 비서, 자율 주행 차량, 데이터 분석, 의료 진단 등에 사용됩니다.

✢ *evolve* 진화하다, 발달하다

Technology continues to evolve, changing the way we live and work.
기술은 계속 진화하며 우리의 생활과 업무 방식을 변화시키고 있습니다.

✢ *human intelligence* 인간의 지능, 인지

Human intelligence is crucial for solving complex problems that machines cannot easily handle.
인간의 지능은 기계가 쉽게 처리할 수 없는 복잡한 문제를 해결하는 데 매우 중요합니다.

One type of AI is narrow AI, which performs specific tasks like facial recognition. On the other hand, general AI tries to complete intellectual tasks exactly like a human would.

AI의 한 유형은 얼굴 인식과 같은 특정 작업을 수행하는 좁은 의미의 AI입니다. 반면에 일반 AI는 인간과 똑같은 지적 작업을 완수하려고 노력합니다.

✿ specific 특정한, 구체적인

Each project has specific requirements that must be met for successful completion.
각 프로젝트에는 성공적으로 완료하기 위해 충족해야 하는 특정 요구 사항이 있습니다.

✿ complete tasks 작업을 완수하다

Employees must complete assigned tasks by the end of the day.
직원은 하루가 끝날 때까지 할당된 작업을 완수해야 합니다.

AI enhances businesses' efficiency by automating operations and can improve healthcare by assisting with diagnoses and treatment plans. However, some of its challenges include ethical concerns, job displacements, and data privacy problems.

AI는 운영을 자동화하여 비즈니스의 효율성을 높이고 진단 및 치료 계획을 지원하여 의료 서비스를 개선할 수 있습니다. 그러나 윤리적 문제, 일자리 대체, 데이터 프라이버시 문제 등 몇 가지 과제를 안고 있습니다.

✿ efficiency 효율성

Automating routine processes can significantly improve efficiency in the workplace.
일상적인 프로세스를 자동화하면 업무 효율성을 크게 향상시킬 수 있습니다.

✿ ethical concern 윤리적 문제

Cloning animals for research purposes presents several ethical concerns.
연구 목적의 동물 복제는 몇 가지 윤리적 문제를 야기합니다.

In short, despite the challenges and with careful management, AI can retransform entire industries and people's daily lives.

요컨대, 이러한 과제에도 불구하고 신중한 관리를 통해 AI는 전체 산업과 사람들의 일상을 재편할 수 있습니다.

✿ retransform 재편하다

Innovative technologies are poised to retransform the healthcare industry, making treatments more effective.
혁신적인 기술은 의료 산업을 재편하여 치료의 효과를 높일 준비가 되어 있습니다.

핵심 표현

연습 문제

주어진 문장을 알맞게 영작해 보세요.

1   인공 지능은 인간의 지능을 모방한 작업을 수행하는 시스템을 만드는 빠르게 진화하는 도구입니다.

2   AI의 한 유형은 얼굴 인식과 같은 특정 작업을 수행하는 좁은 의미의 AI입니다.

3   일반 AI는 인간과 똑같은 지적 작업을 완수하려고 노력합니다.

4   윤리적 문제와 데이터 프라이버시 문제 등 몇 가지 과제를 안고 있습니다.

5   AI는 전체 산업과 사람들의 일상을 재편할 수 있습니다.

모범 답안

1. Artificial Intelligence (AI) is a rapidly evolving tool that creates systems to perform tasks that mimic human intelligence.
2. One type of AI is narrow AI, which performs specific tasks like facial recognition.
3. General AI tries to complete intellectual tasks exactly like a human would.
4. Some of its challenges include ethical concerns and data privacy problems.
5. AI can retransform entire industries and people's daily lives.

사물인터넷(IoT)

잘 모르거나 어려운 표현과 단어에 표시하면서 지문을 읽어보세요.

MP3 Unit15

The Internet of Things (IoT) describes the system of connected devices that exchange data over the internet. Smart home gadgets, industrial machines, and healthcare monitors are several examples. IoT improves efficiency and automation by using real-time data collection.

사물 인터넷(IoT)은 인터넷을 통해 데이터를 교환하는 연결된 디바이스 시스템을 말합니다. 스마트 홈 기기, 산업용 기계, 헬스케어 모니터 등이 대표적인 예입니다. 사물인터넷은 실시간 데이터 수집을 통해 효율성과 자동화를 향상시킵니다.

In homes, IoT devices can provide convenience and security with hands-free control of lights, locks, and appliances. For businesses, IoT boosts productivity by optimizing supply chain operations and using data to estimate when maintenance should be performed. In healthcare, patients use wearable devices to better monitor their vitals.

가정에서는 사물인터넷 기기를 통해 조명, 잠금장치, 가전제품을 핸즈프리로 제어하여 편리함과 보안을 강화할 수 있습니다. 기업의 경우, 사물인터넷은 공급망 운영을 최적화하고 데이터를 사용하여 유지보수 시기를 예측함으로써 생산성을 향상시킵니다. 의료 분야에서는 웨어러블 디바이스를 사용하여 환자의 바이탈을 더 잘 모니터링합니다.

Even though there are also concerns related to data privacy and security, IoT is set to revolutionize daily life. As it expands, it is expected to help build smart cities with connected transportation and more personalized healthcare solutions.

데이터 프라이버시 및 보안과 관련된 우려도 존재하지만, 일상 생활에 혁신을 가져올 것입니다. 사물인터넷이 확장됨에 따라, 연결된 교통과 더욱 개인화된 의료 솔루션으로 스마트 시티를 구축하는 데 도움이 될 것으로 예상됩니다.

이슈

사물인터넷(IoT)은 인터넷을 통해 데이터를 교환하는 연결된 기기 시스템을 말하며, 스마트 홈 기기, 산업용 기계, 헬스케어 모니터 등이 포함됩니다. 가정에서는 IoT 기기를 통해 조명과 가전제품을 핸즈프리로 제어하여 편리함과 보안을 강화할 수 있습니다. 기업에서는 IoT가 공급망 최적화와 유지보수 예측을 통해 생산성을 높이고, 의료 분야에서는 웨어러블 기기를 통해 환자의 건강 상태를 모니터링할 수 있습니다. 데이터 프라이버시와 보안 우려에도 불구하고 IoT는 스마트 시티 구축과 개인화된 의료 솔루션 제공에 기여할 것입니다.

핵심 포인트

- 사물인터넷(IoT) 예시
  smart home gadgets, industrial machines, healthcare monitors

- 사물인터넷(IoT) 장점
  improve efficiency, automation, convenience, boost productivity

- 사물인터넷(IoT) 문제점
  data privacy, security

내용 분석

The Internet of Things (IoT) describes the system of connected devices that exchange data over the internet. Smart home gadgets, industrial machines, and healthcare monitors are several examples. IoT improves efficiency and automation by using real-time data collection.

사물 인터넷(IoT)은 인터넷을 통해 데이터를 교환하는 연결된 디바이스 시스템을 말합니다. 스마트 홈 기기, 산업용 기계, 헬스케어 모니터 등이 대표적인 예입니다. 사물인터넷은 실시간 데이터 수집을 통해 효율성과 자동화를 향상시킵니다.

✤ exchange 교환하다

The two companies agreed to exchange information to benefit their research efforts.
두 회사는 연구 활동에 도움이 되는 정보를 교환하기로 합의했습니다.

✤ automation 자동화

Automation in customer service, like chatbots, has enhanced response times and user experience.
챗봇과 같은 고객 서비스 자동화를 통해 응답 시간과 사용자 경험이 향상되었습니다.

In homes, IoT devices can provide convenience and security with hands-free control of lights, locks, and appliances. For businesses, IoT boosts productivity by optimizing supply chain operations and using data to estimate when maintenance should be performed. In healthcare, patients use wearable devices to better monitor their vitals.

가정에서는 사물인터넷 기기를 통해 조명, 잠금장치, 가전제품을 핸즈프리로 제어하여 편리함과 보안을 강화할 수 있습니다. 기업의 경우, 사물인터넷은 공급망 운영을 최적화하고 데이터를 사용하여 유지보수 시기를 예측함으로써 생산성을 향상시킵니다. 의료 분야에서는 웨어러블 디바이스를 사용하여 환자의 바이탈을 더 잘 모니터링합니다.

✿ optimize 최적화하다

We need to optimize our marketing strategy to reach a broader audience.
더 많은 잠재 고객에게 도달하려면 마케팅 전략을 최적화해야 합니다.

Even though there are also concerns related to data privacy and security, IoT is set to revolutionize daily life. As it expands, it is expected to help build smart cities with connected transportation and more personalized healthcare solutions.

데이터 프라이버시 및 보안과 관련된 우려도 존재하지만, 일상 생활에 혁신을 가져올 것입니다. 사물인터넷이 확장됨에 따라, 연결된 교통과 더욱 개인화된 의료 솔루션으로 스마트 시티를 구축하는 데 도움이 될 것으로 예상됩니다.

✿ security 보안, 안보

Enhanced airport security measures help ensure the safety of all passengers.
강화된 공항 보안 조치는 모든 승객의 안전을 보장하는 데 도움이 됩니다.

✿ revolutionize 혁신을 가져오다, 혁명을 일으키다

The invention of the internet has revolutionized how we communicate and access information.
인터넷의 발명은 우리가 소통하고 정보에 접근하는 방식에 혁신을 가져왔습니다.

핵심 표현

연습 문제

주어진 문장을 알맞게 영작해 보세요.

1 사물 인터넷은 인터넷을 통해 데이터를 교환하는 연결된 디바이스 시스템을 말합니다.

_____

2 사물인터넷은 실시간 데이터 수집을 통해 효율성과 자동화를 향상시킵니다.

_____

3 의료 분야에서는 웨어러블 디바이스를 사용하여 환자의 바이탈을 더 잘 모니터링합니다.

_____

4 데이터 프라이버시 및 보안과 관련된 우려도 존재합니다.

_____

5 연결된 교통과 더욱 개인화된 의료 솔루션으로 스마트 시티를 구축하는 데 도움이 될 것으로 예상됩니다.

_____

모범 답안

1. The Internet of Things (IoT) describes the system of connected devices that exchange data over the internet.
2. IoT improves efficiency and automation by using real-time data collection.
3. In healthcare, patients use wearable devices to better monitor their vitals.
4. There are also concerns related to data privacy and security.
5. It is expected to help build smart cities with connected transportation and more personalized healthcare solutions.

70 시원스쿨 취업영어 이슈 표현

사이버 보안

잘 모르거나 어려운 표현과 단어에 표시하면서 지문을 읽어보세요.

◁)) MP3   Unit16

Cybersecurity refers to the protection of systems, networks, and data from digital attacks that try to access, alter, or destroy sensitive information. They may also aim to force one into paying money. In a world that increasingly depends on technology, cybersecurity has become essential for all individuals, companies, and governments.

사이버 보안은 민감한 정보에 접근, 변경 또는 파괴하려는 디지털 공격으로부터 시스템, 네트워크 및 데이터를 보호하는 것을 말합니다. 또한 돈을 지불하도록 강요하는 것을 목표로 할 수도 있습니다. 기술에 점점 더 의존하는 세상에서 사이버 보안은 모든 개인, 기업, 정부에 필수적인 요소가 되었습니다.

Malware, phishing, and hacking are common threats to cybersecurity. Effective countermeasures include installing firewalls, using multi-factor passwords, and updating software regularly. It is also important to train employees to recognize potential threats.

멀웨어, 피싱, 해킹은 사이버 보안에 대한 일반적인 위협입니다. 효과적인 대응책으로는 방화벽 설치, 다단계 비밀번호 사용, 정기적인 소프트웨어 업데이트 등이 있습니다. 직원들이 잠재적인 위협을 인식할 수 있도록 교육하는 것도 중요합니다.

The impact of cyberattacks involves financial losses, reputational damage, and legal penalties. Cybersecurity must continuously adapt to the evolving threat of cybercrimes. Going forward, advanced, AI-driven security solutions and increased international cooperation can help to combat cybercrime.

사이버 공격의 영향에는 금전적 손실, 평판 손상, 법적 처벌 등이 포함됩니다. 사이버 보안은 진화하는 사이버 범죄의 위협에 지속적으로 적응해야 합니다. 앞으로 AI 기반의 첨단 보안 솔루션과 국제 협력 강화가 사이버 범죄에 대응하는 데 도움이 될 수 있습니다.

이슈

사이버 보안은 민감한 정보를 보호하기 위해 디지털 공격으로부터 시스템, 네트워크, 데이터를 지키는 것을 의미합니다. 멀웨어, 피싱, 해킹이 일반적인 위협이며, 방화벽 설치, 다단계 비밀번호 사용, 소프트웨어 업데이트 등이 효과적인 대응책입니다. 또한, 직원 교육을 통해 잠재적 위협을 인식하는 것이 중요합니다. 사이버 공격은 금전적 손실, 평판 손상, 법적 처벌을 초래할 수 있으며, AI 기반 보안 솔루션과 국제 협력이 사이버 범죄 대응에 중요한 역할을 할 것입니다.

핵심 포인트

- 사이버 보안의 중요성

  cybersecurity, protection of systems

- 사이버 보안 위협과 영향

  common threats, cybercrime, digital attack, malware, phishing, countermeasure, firewall

- 사이버 보안 위협 대응

  AI-driven security solution, international cooperation, combat

내용 분석

Cybersecurity refers to the protection of systems, networks, and data from digital attacks that try to access, alter, or destroy sensitive information. They may also aim to force one into paying money. In a world that increasingly depends on technology, cybersecurity has become essential for all individuals, companies, and governments.
사이버 보안은 민감한 정보에 접근, 변경 또는 파괴하려는 디지털 공격으로부터 시스템, 네트워크 및 데이터를 보호하는 것을 말합니다. 또한 돈을 지불하도록 강요하는 것을 목표로 할 수도 있습니다. 기술에 점점 더 의존하는 세상에서 사이버 보안은 모든 개인, 기업, 정부에 필수적인 요소가 되었습니다.

✿ alter 변경하다, 바꾸다

We need to alter our plans due to the unexpected weather conditions.
예상치 못한 기상 조건으로 인해 계획을 변경해야 합니다.

✿ force 강요하다

The manager had to force the team to work overtime to meet the deadline.
관리자는 마감일을 맞추기 위해 팀원들에게 야근을 강요해야 했습니다.

Malware, phishing, and hacking are common threats to cybersecurity. Effective countermeasures include installing firewalls, using multi-factor passwords, and updating software regularly. It is also important to train employees to recognize potential threats.

멀웨어, 피싱, 해킹은 사이버 보안에 대한 일반적인 위협입니다. 효과적인 대응책으로는 방화벽 설치, 다단계 비밀번호 사용, 정기적인 소프트웨어 업데이트 등이 있습니다. 직원들이 잠재적인 위협을 인식할 수 있도록 교육하는 것도 중요합니다.

✿ *threat* 위협

Cyberattacks pose a significant threat to national security and personal data.
사이버 공격은 국가 안보와 개인 데이터에 심각한 위협이 됩니다.

✿ *countermeasure* 대응책, 대책, 보호 조치

Vaccination is an effective countermeasure against the spread of infectious diseases.
예방접종은 감염병 확산에 대한 효과적인 대응책입니다.

The impact of cyberattacks involves financial losses, reputational damage, and legal penalties. Cybersecurity must continuously adapt to the evolving threat of cybercrimes. Going forward, advanced, AI-driven security solutions and increased international cooperation can help to combat cybercrime.

사이버 공격의 영향에는 금전적 손실, 평판 손상, 법적 처벌 등이 포함됩니다. 사이버 보안은 진화하는 사이버 범죄의 위협에 지속적으로 적응해야 합니다. 앞으로 AI 기반의 첨단 보안 솔루션과 국제 협력 강화가 사이버 범죄에 대응하는 데 도움이 될 수 있습니다.

✿ *adapt* 적응하다

Businesses must adapt to changing market conditions to stay competitive.
기업은 경쟁력을 유지하기 위해 변화하는 시장 상황에 적응해야 합니다.

✿ *cybercrime* 사이버 범죄

Governments worldwide are implementing stricter laws to combat the rise of cybercrime.
전 세계 각국 정부는 사이버 범죄의 증가에 대응하기 위해 더욱 엄격한 법률을 시행하고 있습니다.

핵심 표현

연습 문제

주어진 문장을 알맞게 영작해 보세요.

1   사이버 보안은 민감한 정보에 접근하려는 디지털 공격으로부터 네트워크 및 데이터를 보호하는 것을 말합니다.

_____

2   그들은 돈을 지불하도록 강요하는 것을 목표로 할 수도 있습니다.

_____

3   효과적인 대응책으로는 방화벽 설치, 정기적인 소프트웨어 업데이트 등이 있습니다.

_____

4   사이버 보안은 진화하는 사이버 범죄의 위협에 지속적으로 적응해야 합니다.

_____

5   AI 기반의 보안 솔루션과 국제 협력 강화가 사이버 범죄에 대응하는 데 도움이 될 수 있습니다.

_____

모범 답안

1. Cybersecurity refers to the protection of networks and data from digital attacks that try to access.
2. They may also aim to force one into paying money.
3. Effective countermeasures include installing firewalls and updating software regularly.
4. Cybersecurity must continuously adapt to the evolving threat of cybercrimes.
5. AI-driven security solutions and increased international cooperation can help to combat cybercrime.

세계

지속되는 갈등

잘 모르거나 어려운 표현과 단어에 표시하면서 지문을 읽어보세요.

MP3 Unit17

Global conflicts, such as the Russia-Ukraine war, Israel-Gaza conflict, and civil war in Ethiopia, are continuing to cause significant loss of life, population displacement, and widespread devastation and destruction.

러시아-우크라이나 전쟁, 이스라엘-가자지구 분쟁, 에티오피아 내전 등 전 세계적인 갈등으로 인해 막대한 인명 손실과 인구 이동, 광범위한 파괴와 황폐화가 계속되고 있습니다.

The Russia-Ukraine war, which started in 2014 and intensified in 2022, has resulted in major casualties and economic instability. The Israel-Gaza conflict has caused severe civilian suffering due to continuous cycles of missile attacks. The Ethiopian civil war is a serious humanitarian crisis involving famine and mass displacement, especially in the Tigray region.

2014년에 시작되어 2022년에 거세진 러시아-우크라이나 전쟁은 대규모 인명 피해와 경제 불안정을 초래했습니다. 이스라엘-가자 분쟁은 지속적인 미사일 공격으로 인해 심각한 인도주의적 위기를 초래했습니다. 에티오피아 내전은 특히 티 그레이 지역에서 기근과 대량 이주를 수반하는 심각한 인도 주의적 위기입니다.

These conflicts prevent national development and create long-term socio-economic challenges on civilians. Despite international efforts to provide support, such as through diplomacy, sanctions, and aid, achieving peace is not simple. Increased global awareness is necessary to promote reconciliation.

이러한 갈등은 국가 발전을 방해하고 민간인에게 장기적인 사회경제적 문제를 야기합니다. 외교, 제재, 원조 등 지원을 제공하려는 국제적인 노력에도 불구하고 평화를 달성하는 것은 쉽지 않습니다. 화해를 촉진하기 위해서는 전 세계적인 인식 개선이 필요합니다.

이슈

러시아-우크라이나 전쟁, 이스라엘-가자 분쟁, 에티오피아 내전 등 전 세계적인 갈등이 계속되며 막대한 인명 피해와 인구 이동, 광범위한 파괴가 발생하고 있습니다. 러시아-우크라이나 전쟁은 경제 불안정을 초래했고, 이스라엘-가자 분쟁은 민간인의 고통을 가중시키고 있습니다. 에티오피아 내전은 티그레이 지역에서 기근과 대규모 이주를 초래한 인도주의적 위기입니다. 이러한 갈등은 국가 발전을 저해하고 장기적인 사회경제적 문제를 야기하며, 평화를 위해서는 국제사회의 지속적인 관심과 지원이 필요합니다.

핵심 포인트

• 주요 국제적 갈등

global conflict, Russia-Ukraine war, Isarel-Gaza conflict, civil war in Ethiopia

• 전 세계적인 갈등의 문제

loss of life, population displacement, devastation, destruction

• 전 세계적인 갈등의 문제 영향

prevent national development, humanitarian crisis, socio-economic challenges

내용 분석

Global conflicts, such as the Russia-Ukraine war, Israel-Gaza conflict, and civil war in Ethiopia, are continuing to cause significant loss of life, population displacement, and widespread devastation and destruction.

러시아-우크라이나 전쟁, 이스라엘-가자지구 분쟁, 에티오피아 내전 등 전 세계적인 갈등으로 인해 막대한 인명 손실과 인구 이동, 광범위한 파괴와 황폐화가 계속되고 있습니다.

✼ *global conflict 전 세계적인 갈등*

Global conflict often arises from political, economic, and cultural tensions between nations.
전 세계적인 갈등은 국가 간의 정치적, 경제적, 문화적 긴장에서 비롯되는 경우가 많습니다.

✼ *civil war 내전*

The civil war left the nation divided and in desperate need of reconstruction.
내전으로 인해 국가는 분열되었고 재건이 절실한 상황에 처했습니다.

핵심 표현

The Russia-Ukraine war, which started in 2014 and intensified in 2022, has resulted in major casualties and economic instability. The Israel-Gaza conflict has caused severe civilian suffering due to continuous cycles of missile attacks. The Ethiopian civil war is a serious humanitarian crisis involving famine and mass displacement, especially in the Tigray region.

2014년에 시작되어 2022년에 거세진 러시아-우크라이나 전쟁은 대규모 인명 피해와 경제 불안정을 초래했습니다. 이스라엘-가자 분쟁은 지속적인 미사일 공격으로 인해 심각한 인도주의적 위기를 초래했습니다. 에티오피아 내전은 특히 티 그레이 지역에서 기근과 대량 이주를 수반하는 심각한 인도 주의적 위기입니다.

✤ *intensify 거세지다, 강해지다*

Rising tensions between the two countries threaten to intensify the ongoing conflict.
양국 간 긴장이 고조되면서 현재 진행 중인 분쟁이 격화될 우려가 있습니다.

✤ *humanitarian crisis 인도주의적 위기*

The earthquake triggered a humanitarian crisis, leaving thousands in urgent need of aid.
지진으로 인해 인도주의적 위기가 발생하여 수천 명의 사람들이 긴급한 도움을 필요로 하게 되었습니다.

These conflicts prevent national development and create long-term socio-economic challenges on civilians. Despite international efforts to provide support, such as through diplomacy, sanctions, and aid, achieving peace is not simple. Increased global awareness is necessary to promote reconciliation.

이러한 갈등은 국가 발전을 방해하고 민간인에게 장기적인 사회경제적 문제를 야기합니다. 외교, 제재, 원조 등 지원을 제공하려는 국제적인 노력에도 불구하고 평화를 달성하는 것은 쉽지 않습니다. 화해를 촉진하기 위해서는 전 세계적인 인식 개선이 필요합니다.

✤ *socio-economic challenge 사회경제적 문제*

Addressing poverty is a major socio-economic challenge for many developing nations.
빈곤 문제 해결은 많은 개발도상국의 주요 사회경제적 과제입니다.

✤ *reconciliation 화해, 조화*

Reconciliation between the two communities brought hope for a peaceful future.
두 공동체의 화해는 평화로운 미래에 대한 희망을 가져왔습니다.

연습 문제

주어진 문장을 알맞게 영작해 보세요.

1   전 세계적인 갈등으로 인해 막대한 인명 손실과 인구 이동이 계속되고 있습니다.

_____

2   러시아-우크라이나 전쟁은 대규모 인명 피해와 경제 불안정을 초래했습니다.

_____

3   에티오피아 내전은 대량 이주를 수반하는 심각한 인도 주의적 위기입니다.

_____

4   이러한 갈등은 민간인에게 장기적인 사회경제적 문제를 야기합니다.

_____

5   화해를 촉진하기 위해서는 전 세계적인 인식 개선이 필요합니다.

_____

모범 답안

1. Global conflicts are continuing to cause significant loss of life and population displacement.
2. The Russia-Ukraine war has resulted in major casualties and economic instability.
3. The Ethiopian civil war is a serious humanitarian crisis involving mass displacement.
4. These conflicts create long-term socio-economic challenges on civilians.
5. Increased global awareness is necessary to promote reconciliation.

잘 모르거나 어려운 표현과 단어에 표시하면서 지문을 읽어보세요.

MP3 Unit18

Global warming is the long-term rise in Earth's average temperature due to human activities, primarily greenhouse gas emissions. This temperature increase causes extreme weather events, like severe heatwaves, storms, and droughts, which impact both the environment and human society.

지구 온난화는 주로 온실가스 배출 등 인간의 활동으로 인해 지구의 평균 기온이 장기적으로 상승하는 현상입니다. 이러한 기온 상승은 폭염, 폭풍, 가뭄과 같은 극심한 기상 이변을 일으켜 환경과 인간 사회 모두에 영향을 미칩니다.

Global warming worsens social inequality because vulnerable communities tend to suffer the most from the impacts of extreme weather and rising sea levels. They commonly face food and water shortages, displacement, and various health problems. Many wildlife species also suffer from habitat loss due to global warming.

지구 온난화는 사회적 불평등을 악화시키는데, 취약한 지역 사회가 기상이변과 해수면 상승의 영향으로 가장 큰 피해를 입는 경향이 있기 때문입니다. 이들은 일반적으로 식량과 물 부족, 이주, 다양한 건강 문제에 직면합니다. 또한 많은 야생동물 종들이 지구 온난화로 인한 서식지 손실로 고통받고 있습니다.

Therefore, carbon emissions must be reduced, and renewable energy sources should be developed and utilized. Both global cooperation and individual engagement are necessary to reduce environmental damage and create a sustainable future for everyone.

따라서 탄소 배출을 줄이고 재생 가능한 에너지를 개발하여 활용해야 합니다. 환경 피해를 줄이고 모두를 위한 지속 가능한 미래를 만들기 위해서는 전 세계적인 협력과 개인의 참여가 모두 필요합니다.

이슈

지구 온난화는 주로 온실가스 배출로 인해 지구의 평균 기온이 상승하는 현상으로, 폭염, 폭풍, 가뭄 등 극심한 기상 이변을 초래해 환경과 인간 사회에 영향을 미칩니다. 특히 취약한 지역 사회는 식량과 물 부족, 이주, 건강 문제 등으로 큰 피해를 입고 있으며, 많은 야생동물도 서식지 손실로 고통받고 있습니다. 이를 해결하기 위해 탄소 배출을 줄이고 재생 가능한 에너지를 개발해야 하며, 전 세계적인 협력과 개인의 참여가 필요합니다.

핵심 포인트

- 지구 온난화의 원인

  human activities, greenhouse gas emission, carbon emission

- 지구 온난화의 영향

  extreme weather events, social inequality, rising sea levels, habitat loss

- 지구 온난화 해결책

  renewable energy, global cooperation, individual engagement

내용 분석

Global warming is the long-term rise in Earth's average temperature due to human activities, primarily greenhouse gas emissions. This temperature increase causes extreme weather events, like severe heatwaves, storms, and droughts, which impact both the environment and human society.

지구 온난화는 주로 온실가스 배출 등 인간의 활동으로 인해 지구의 평균 기온이 장기적으로 상승하는 현상입니다. 이러한 기온 상승은 폭염, 폭풍, 가뭄과 같은 극심한 기상 이변을 일으켜 환경과 인간 사회 모두에 영향을 미칩니다.

✿ greenhouse gas emission 온실가스 배출

Reducing greenhouse gas emissions is crucial to combating climate change.

온실가스 배출을 줄이는 것은 기후 변화에 대처하는 데 매우 중요합니다.

✿ heatwave 폭염

The heatwave caused widespread power outages as people cranked up their air conditioning.

폭염으로 인해 사람들이 에어컨을 가동하면서 대규모 정전이 발생했습니다.

핵심 표현

Global warming worsens social inequality because vulnerable communities tend to suffer the most from the impacts of extreme weather and rising sea levels. They commonly face food and water shortages, displacement, and various health problems. Many wildlife species also suffer from habitat loss due to global warming.

지구 온난화는 사회적 불평등을 악화시키는데, 취약한 지역 사회가 기상이변과 해수면 상승의 영향으로 가장 큰 피해를 입는 경향이 있기 때문입니다. 이들은 일반적으로 식량과 물 부족, 이주, 다양한 건강 문제에 직면합니다. 또한 많은 야생동물 종들이 지구 온난화로 인한 서식지 손실로 고통받고 있습니다.

✿ *inequality* 불평등

Social inequality remains a significant challenge in many parts of the world.
사회적 불평등은 전 세계 많은 지역에서 여전히 심각한 문제로 남아 있습니다.

✿ *suffer from* ~로 고통을 받다

Farmers often suffer from crop losses due to unpredictable weather.
농부들은 종종 예측할 수 없는 날씨로 인해 농작물 손실로 고통을 받습니다.

Therefore, carbon emissions must be reduced, and renewable energy sources should be developed and utilized. Both global cooperation and individual engagement are necessary to reduce environmental damage and create a sustainable future for everyone.

따라서 탄소 배출을 줄이고 재생 가능한 에너지를 개발하여 활용해야 합니다. 환경 피해를 줄이고 모두를 위한 지속 가능한 미래를 만들기 위해서는 전 세계적인 협력과 개인의 참여가 모두 필요합니다.

✿ *carbon emission* 탄소 배출

Reducing carbon emissions is critical in the fight against global warming.
탄소 배출을 줄이는 것은 지구 온난화에 맞서 싸우는 데 매우 중요합니다.

✿ *renewable energy* 재생 가능한 에너지

Investing in renewable energy is essential for a sustainable future.
지속 가능한 미래를 위해서는 재생 가능한 에너지에 대한 투자가 필수적입니다.

핵심 표현

연습 문제

주어진 문장을 알맞게 영작해 보세요.

1 지구 온난화는 인간의 활동으로 인해 지구의 평균 기온이 장기적으로 상승하는 현상입니다.

_____

2 이러한 기온 상승은 폭염, 폭풍, 가뭄과 같은 극심한 기상 이변을 일으킵니다.

_____

3 이들은 일반적으로 식량과 물 부족, 이주 문제에 직면합니다.

_____

4 탄소 배출을 줄이고 재생 가능한 에너지를 개발하여 활용해야 합니다.

_____

5 환경 피해를 줄이기 위해서는 개인의 참여가 필요합니다.

_____

모범 답안

1. Global warming is the long-term rise in Earth's average temperature due to human activities.

2. This temperature increase causes extreme weather events, like severe heatwaves, storms, and droughts.

3. They commonly face food and water shortages, displacement problem.

4. Carbon emissions must be reduced, and renewable energy sources should be developed and utilized.

5. Individual engagements are necessary to reduce environmental damage.

잘 모르거나 어려운 표현과 단어에 표시하면서 지문을 읽어보세요.

🔊MP3 Unit19

Food insecurity occurs when someone does not have reliable access to enough nutritious food. It affects millions of people all over the world and leads to malnutrition and health issues. Several causes include poverty, high food prices, unemployment, and failing crops due to climate change.

식량 불안정은 영양가 있는 음식을 충분히 확보할 수 없을 때 발생합니다. 이는 전 세계 수백만 명의 사람들에게 영향을 미치며 영양실조와 건강 문제로 이어집니다. 빈곤, 높은 식량 가격, 실업, 기후 변화로 인한 농작물 수확 실패 등 여러 가지 원인이 있습니다.

Although food insecurity is considered more severe in developing countries, it also impacts underprivileged communities in resource-rich nations. Children and elderly people are the most vulnerable and may face lifelong health issues.

식량 불안정은 개발도상국에서 더 심각한 것으로 여겨지지만, 자원이 풍부한 국가의 불우한 지역 사회에도 영향을 미칩니다. 어린이와 노인은 가장 취약하며 평생 건강 문제에 직면할 수 있습니다.

Comprehensive strategies, like policies to lower poverty rates and develop sustainable agricultural practices, are required to resolve food insecurity. Global cooperation and local initiatives should align to make food distribution more efficient, support small farmers, and guarantee access to adequate nutrition for everyone.

식량 불안정을 해결하기 위해서는 빈곤율을 낮추고 지속 가능한 농업 관행을 개발하기 위한 정책과 같은 종합적인 전략이 필요합니다. 국제적인 협력과 지역 차원의 정책이 연계되어 식량 분배를 보다 효율적으로 만들고, 소규모 농가를 지원하며, 모든 사람이 적절한 영양을 섭취할 수 있도록 보장해야 합니다.

이슈

식량 불안정은 영양가 있는 음식을 충분히 확보하지 못하는 상황으로, 전 세계 수백만 명에게 영향을 미치며 영양 실조와 건강 문제를 초래합니다. 빈곤, 높은 식량 가격, 실업, 기후 변화로 인한 농작물 수확 실패가 주요 원인입니다. 이는 개발도상국뿐만 아니라 자원이 풍부한 국가의 취약 계층에도 영향을 미치며, 특히 어린이와 노인이 가장 큰 피해를 입습니다. 이를 해결하기 위해서는 빈곤 완화, 지속 가능한 농업 개발, 국제 협력이 필요하며, 지역 차원의 정책과 연계된 식량 분배 개선이 중요합니다.

핵심 포인트

- 식량 불안정의 영향
  food insecurity, access, malnutrition, health issues, developing countries, underprivileged community
- 식량 불안정의 원인
  poverty, high food prices, unemployment, failing crops
- 식량 불안정 해결책
  global cooperation, local initiative, lower poverty, sustainable agricultural practice

내용 분석

Food insecurity occurs when someone does not have reliable access to enough nutritious food. It affects millions of people all over the world and leads to malnutrition and health issues. Several causes include poverty, high food prices, unemployment, and failing crops due to climate change.

식량 불안정은 영양가 있는 음식을 충분히 확보할 수 없을 때 발생합니다. 이는 전 세계 수백만 명의 사람들에게 영향을 미치며 영양 실조와 건강 문제로 이어집니다. 빈곤, 높은 식량 가격, 실업, 기후 변화로 인한 농작물 수확 실패 등 여러 가지 원인이 있습니다.

☆ *insecurity 불안정, 불안전*

Economic insecurity can lead to stress and anxiety in many households.
경제적 불안은 많은 가정에서 스트레스와 불안으로 이어질 수 있습니다.

☆ *nutritious 영양가 있는, 영양분이 많은*

Eating a balanced, nutritious diet is essential for maintaining good health and energy levels.
균형 잡힌 영양가 있는 식단을 섭취하는 것은 건강과 에너지 수준을 유지하는 데 필수적입니다.

핵심 표현

Although food insecurity is considered more severe in developing countries, it also impacts underprivileged communities in resource-rich nations. Children and elderly people are the most vulnerable and may face lifelong health issues.

식량 불안정은 개발도상국에서 더 심각한 것으로 여겨지지만, 자원이 풍부한 국가의 불우한 지역 사회에도 영향을 미칩니다. 어린이와 노인은 가장 취약하며 평생 건강 문제에 직면할 수 있습니다.

✤ underprivileged 불우한, 특권이 적은

Many organizations work to provide educational opportunities for underprivileged children.
많은 단체가 소외계층 어린이에게 교육 기회를 제공하기 위해 노력하고 있습니다.

✤ vulnerable 취약한, 연약한

Coastal communities are vulnerable to the effects of rising sea levels.
해안 지역 사회는 해수면 상승의 영향에 취약합니다.

Comprehensive strategies, like policies to lower poverty rates and develop sustainable agricultural practices, are required to resolve food insecurity. Global cooperation and local initiatives should align to make food distribution more efficient, support small farmers, and guarantee access to adequate nutrition for everyone.

식량 불안정을 해결하기 위해서는 빈곤율을 낮추고 지속 가능한 농업 관행을 개발하기 위한 정책과 같은 종합적인 전략이 필요합니다. 국제적인 협력과 지역 차원의 정책이 연계되어 식량 분배를 보다 효율적으로 만들고, 소규모 농가를 지원하며, 모든 사람이 적절한 영양을 섭취할 수 있도록 보장해야 합니다.

✤ initiative 정책, 계획

The government launched an initiative to improve public health with nationwide vaccinations.
정부는 전국적인 백신 접종을 통해 공중 보건을 개선하기 위한 정책을 시행했습니다.

✤ distribution 분배, 유통

Efficient distribution of resources is crucial during disaster relief efforts.
재난 구호 활동 중에는 자원을 효율적으로 분배하는 것이 매우 중요합니다.

핵심 표현

연습 문제

주어진 문장을 알맞게 영작해 보세요.

1   식량 불안정은 영양가 있는 음식을 충분히 확보할 수 없을 때 발생합니다.

_____

2   이는 전 세계 수백만 명의 사람들에게 영향을 미치며 영양실조와 건강 문제로 이어집니다.

_____

3   그것은 또한 자원이 풍부한 국가의 불우한 지역 사회에도 영향을 미칩니다.

_____

4   국제적인 협력과 지역 차원의 정책이 연계되어 식량 분배를 보다 효율적으로 만들어야 합니다.

_____

5   어린이와 노인은 가장 취약하며 건강 문제에 직면할 수 있습니다.

_____

모범 답안

1. Food insecurity occurs when someone does not have reliable access to enough nutritious food.
2. It affects millions of people all over the world and leads to malnutrition and health issues.
3. It also impacts underprivileged communities in resource-rich nations.
4. Global cooperation and local initiatives should align to make food distribution more efficient.
5. Children and elderly people are the most vulnerable and may face health issues.

교육

Unit 20 문해력 위기

잘 모르거나 어려운 표현과 단어에 표시하면서 지문을 읽어보세요.

🔊 MP3 Unit20

The literacy crisis in which people struggle with reading and writing is an issue that impacts millions globally. It limits personal and societal growth, restricts employment opportunities, and slows economic progress. Especially in developing countries, this issue is severe due to limited educational resources, but it also impacts disadvantaged groups in developed nations.

사람들이 읽고 쓰는 데 어려움을 겪는 문해력 위기는 전 세계 수백만 명에게 영향을 미치는 문제입니다. 문맹은 개인과 사회의 성장을 제한하고 고용 기회를 제한하며 경제 발전을 둔화시킵니다. 특히 개발도상국에서는 한정된 교육 자원으로 인해 이 문제가 심각하지만, 선진국에서도 소외 계층에 영향을 미칩니다.

One contributing factor is the increased consumption of online content, like YouTube videos, over books, which can interrupt the development of critical thinking skills. To address this crisis, investment in education, teacher training, and accessible resources is necessary. Literacy skills should be promoted through community programs and local initiatives to tackle the literacy crisis and build a prosperous, intelligent society for future generations.

책보다 유튜브 동영상과 같은 온라인 콘텐츠의 소비가 증가하면서 비판적 사고력 발달에 방해가 되는 것도 한 가지 원인입니다. 이러한 위기를 해결하려면 교육, 교사 연수, 접근 가능한 자원에 대한 투자가 필요합니다. 문해력 위기를 다루고 미래 세대를 위한 번영하고 지능적인 사회를 구축하기 위해 지역사회 프로그램과 지역 차원의 계획을 통해 문해력을 증진해야 합니다.

이슈

문해력 위기는 전 세계 수백만 명에게 영향을 미치는 문제로, 개인과 사회의 성장을 제한하고 고용 기회를 축소하며 경제 발전을 둔화시킵니다. 개발도상국에서는 교육 자원의 부족으로, 선진국에서는 소외 계층이 주로 영향을 받습니다. YouTube와 같은 온라인 콘텐츠 소비 증가로 비판적 사고력 발달이 방해되는 것도 원인 중 하나입니다. 이를 해결하기 위해 교육 투자, 교사 연수, 접근 가능한 자원 제공이 필요하며, 지역사회 프로그램을 통해 문해력을 증진시켜야 합니다.

핵심 포인트

• 문해력 위기

literacy crisis, struggle with, limit, restrict

• 문해력 위기의 원인

online content, YouTube videos, interrupt, critical thinking

• 해결책

literacy skills, community program, local initiative, intelligent society

내용 분석

The literacy crisis in which people struggle with reading and writing is an issue that impacts millions globally. It limits personal and societal growth, restricts employment opportunities, and slows economic progress.

사람들이 읽고 쓰는 데 어려움을 겪는 문해력 위기는 전 세계 수백만 명에게 영향을 미치는 문제입니다. 문맹은 개인과 사회의 성장을 제한하고 고용 기회를 제한하며 경제 발전을 둔화시킵니다.

✿ literacy 문해력

Improving literacy rates is key to empowering individuals and fostering economic growth.
문해력 향상은 개인의 역량을 강화하고 경제 성장을 촉진하는 데 핵심적인 역할을 합니다.

✿ struggle with ~에 어려움을 겪다

Some adults struggle with managing their time effectively in a busy work environment.
바쁜 업무 환경 속에서 시간을 효과적으로 관리하는 데 어려움을 겪는 성인들도 있습니다.

핵심 표현

Especially in developing countries, this issue is severe due to limited educational resources, but it also impacts disadvantaged groups in developed nations.
특히 개발도상국에서는 한정된 교육 자원으로 인해 이 문제가 심각하지만, 선진국에서도 소외 계층에 영향을 미칩니다.

✿ developing country 개발도상국

A developing country is one with growing economies but facing poverty and infrastructure challenges.
개발도상국은 경제는 성장하고 있지만 빈곤과 인프라 문제에 직면해 있는 국가를 말합니다.

✿ disadvantaged group 소외 계층

Disadvantaged groups often lack access to essential services like education and healthcare.
소외 계층은 교육이나 의료와 같은 필수 서비스에 대한 접근성이 부족한 경우가 많습니다.

One contributing factor is the increased consumption of online content, like YouTube videos, over books, which can interrupt the development of critical thinking skills. To address this crisis, investment in education, teacher training, and accessible resources is necessary.
책보다 유튜브 동영상과 같은 온라인 콘텐츠의 소비가 증가하면서 비판적 사고력 발달에 방해가 되는 것도 한 가지 원인입니다.
이러한 위기를 해결하려면 교육, 교사 연수, 접근 가능한 자원에 대한 투자가 필요합니다.

✿ consumption 소비

Excessive consumption of water during droughts can strain local resources.
가뭄 시 과도한 물 소비는 지역 자원에 부담을 줄 수 있습니다.

✿ interrupt 방해하다

A sudden phone call can interrupt a productive work session.
갑작스러운 전화 한 통으로 생산적인 업무 활동이 방해받을 수 있습니다.

Literacy skills should be promoted through community programs and local initiatives to tackle the literacy crisis and build a prosperous, intelligent society for future generations.
문해력 위기를 다루고 미래 세대를 위한 번영하고 지능적인 사회를 구축하기 위해 지역사회 프로그램과 지역 차원의 계획을 통해 문해력을 증진해야 합니다.

✿ tackle 다루다, 부딪치다, ~와 논쟁하다

The government is implementing new policies to tackle climate change.
정부는 기후 변화를 다루기 위한 새로운 정책을 시행하고 있습니다.

핵심 표현

연습 문제

주어진 문장을 알맞게 영작해 보세요.

1   사람들이 읽고 쓰는 데 어려움을 겪는 문해력 위기는 전 세계 수백만 명에게 영향을 미치는 문제입니다.

_____

2   온라인 콘텐츠는 비판적 사고력 발달에 방해가 될 수 있습니다.

_____

3   교육, 교사 연수, 접근 가능한 자원에 대한 투자가 필요합니다.

_____

4   문맹은 개인과 사회의 성장을 제한하고 고용 기회를 제한합니다.

_____

5   지역사회 프로그램과 지역 차원의 계획을 통해 문해력을 증진해야 합니다.

_____

모범 답안

1. The literacy crisis in which people struggle with reading and writing is an issue that impacts millions globally.
2. Online content can interrupt the development of critical thinking skills.
3. Investment in education, teacher training, and accessible resources is necessary.
4. It limits personal and societal growth, restricts employment opportunities.
5. Literacy skills should be promoted through community programs and local initiatives.

잘 모르거나 어려운 표현과 단어에 표시하면서 지문을 읽어보세요.

MP3 Unit21

Educational technology, or edtech, is the use of digital tools to enhance teaching and learning. Several examples include online courses, mobile apps, digital textbooks, and educational games. These tools help make education more accessible, fun, and effective.

교육 기술 또는 에듀테크는 디지털 도구를 사용하여 교육과 학습을 향상시키는 것을 말합니다. 온라인 강의, 모바일 앱, 디지털 교과서, 교육용 게임 등이 대표적인 예입니다. 이러한 도구는 더 접근하기 쉬우며 재미있고 효과적인 교육을 만드는 데 도움이 됩니다.

In Korea, the education industry has been developing various applications and platforms to expand online education and offer more interactive and personalized learning options. Such innovations help teachers to deliver engaging lessons and track student progress more efficiently.

국내 교육 업계에서는 온라인 교육을 확대하고 보다 상호작용적이고 개인화된 학습 옵션을 제공하기 위해 다양한 앱과 플랫폼을 개발해 왔습니다. 이러한 혁신은 교사가 매력적인 수업을 제공하고 학생의 진도를 보다 효율적으로 추적하는 데 도움이 됩니다.

Although using edtech can bridge educational gaps in developing countries, challenges in equal access to resources and properly trained educators are still apparent. Nonetheless, edtech represents an educational revolution, making learning more inclusive, personalized, and effective for students worldwide.

에듀테크를 활용하면 개발도상국의 교육 격차를 해소할 수 있지만, 자원에 대한 동등한 접근과 제대로 훈련된 교사 확보에 대한 문제는 여전히 남아 있습니다. 그럼에도 불구하고 에듀테크는 전 세계 학생들에게 보다 포용적이고 개인 맞춤화된 효과적인 학습을 제공하는 교육 혁신을 의미합니다.

이슈

에듀테크는 온라인 강의, 모바일 앱, 디지털 교과서 등을 통해 교육을 더 접근하기 쉽고 효과적으로 만드는 디지털 도구입니다. 국내 교육 업계에서는 상호작용적이고 개인화된 학습 옵션을 제공하는 다양한 앱과 플랫폼을 개발해 교사의 수업 운영과 학생 진도 추적을 효율적으로 돕고 있습니다. 개발도상국에서는 에듀테크가 교육 격차를 해소할 수 있지만, 자원 접근성과 교사 훈련의 문제는 여전히 남아 있습니다. 에듀테크는 전 세계 학생들에게 보다 포용적이고 맞춤형 학습을 제공하는 교육 혁신을 의미합니다.

핵심 포인트

- 에듀테크와 예시

  educational technology, edtech, digital tool, online course, digital textbooks, educational games

- 에듀테크 발전의 이점

  expand online education, interactive, personalized, inclusive, effective

- 개발 도상국에서의 에듀테크 발전의 어려움

  equal access, properly trained educators

내용 분석

Educational technology, or edtech, is the use of digital tools to enhance teaching and learning. Several examples include online courses, mobile apps, digital textbooks, and educational games. These tools help make education more accessible, fun, and effective.

교육 기술 또는 에듀테크는 디지털 도구를 사용하여 교육과 학습을 향상시키는 것을 말합니다. 온라인 강의, 모바일 앱, 디지털 교과서, 교육용 게임 등이 대표적인 예입니다. 이러한 도구는 더 접근하기 쉬우며 재미있고 효과적인 교육을 만드는 데 도움이 됩니다.

✽ accessible 접근하기 쉬운, 이용 가능한

Public parks are designed to be accessible to everyone, including those with disabilities.
공공 공원은 장애인을 포함한 모든 사람이 접근하기 쉽도록 설계되었습니다.

✽ effective 효과적인

Regular exercise is an effective way to improve physical and mental health.
규칙적인 운동은 신체적, 정신적 건강을 개선하는 효과적인 방법입니다.

핵심 표현

In Korea, the education industry has been developing various applications and platforms to expand online education and offer more interactive and personalized learning options. Such innovations help teachers to deliver engaging lessons and track student progress more efficiently.

국내 교육 업계에서는 온라인 교육을 확대하고 보다 상호작용적이고 개인화된 학습 옵션을 제공하기 위해 다양한 앱과 플랫폼을 개발해 왔습니다. 이러한 혁신은 교사가 매력적인 수업을 제공하고 학생의 진도를 보다 효율적으로 추적하는 데 도움이 됩니다.

✿ interactive 상호적인, 상호작용을 하는

The workshop included interactive activities to keep participants engaged and involved.
워크숍에는 참가자들의 참여와 관심을 유도하기 위한 상호작용 활동이 포함되었습니다.

✿ track 추적하다

Fitness apps help users track their daily steps and monitor their health progress.
피트니스 앱은 사용자가 매일 걸음 수를 추적하고 건강 상태를 모니터링할 수 있도록 도와줍니다.

Although using edtech can bridge educational gaps in developing countries, challenges in equal access to resources and properly trained educators are still apparent. Nonetheless, edtech represents an educational revolution, making learning more inclusive, personalized, and effective for students worldwide.

에듀테크를 활용하면 개발도상국의 교육 격차를 해소할 수 있지만, 자원에 대한 동등한 접근과 제대로 훈련된 교사 확보에 대한 문제는 여전히 남아 있습니다. 그럼에도 불구하고 에듀테크는 전 세계 학생들에게 보다 포용적이고 개인 맞춤화된 효과적인 학습을 제공하는 교육 혁신을 의미합니다.

✿ gap 격차, 차이, 틈

The education gap between urban and rural areas continues to widen.
도시와 농촌 간의 교육 격차는 계속해서 벌어지고 있습니다.

✿ access 접근, 입장

Many people in remote areas lack access to basic healthcare services.
외딴 지역의 많은 사람들은 기본적인 의료 서비스에 대한 접근이 어렵습니다.

핵심 표현

연습 문제

주어진 문장을 알맞게 영작해 보세요.

1 교육 기술 또는 에듀테크는 디지털 도구를 사용하여 교육과 학습을 향상시키는 것을 말합니다.

_____

2 이러한 도구는 더 접근하기 쉬우며 재미있고 효과적인 교육을 만드는 데 도움이 됩니다.

_____

3 혁신은 교사가 매력적인 수업을 제공하는 데 도움이 됩니다.

_____

4 에듀테크를 활용하면 개발도상국의 교육 격차를 해소할 수 있습니다.

_____

5 에듀테크는 전 세계 학생들에게 개인 맞춤화된 효과적인 학습을 제공하는 교육 혁신을 의미합니다.

_____

모범 답안

1. Educational technology, or edtech, is the use of digital tools to enhance teaching and learning.
2. These tools help make education more accessible, fun, and effective.
3. Innovations help teachers to deliver engaging lessons.
4. Using edtech can bridge educational gaps in developing countries.
5. Edtech represents an educational revolution, personalized and effective for students worldwide.

교육의 경제적 부담 증가

잘 모르거나 어려운 표현과 단어에 표시하면서 지문을 읽어보세요.

🔊 MP3 | Unit22

Rising postsecondary education expenses are becoming more burdensome for many families and students. Costs from tuition, textbook materials, and housing have been significantly increasing, making college more unaffordable. This financial pressure leaves students with no choice but to take on large debt, balance multiple jobs at once, or even drop out of school altogether.

고등 교육 비용의 상승은 많은 가정과 학생들에게 부담이 되고 있습니다. 학비, 교재비, 주거비 등의 비용이 크게 증가하면서 대학 등록금을 감당할 수 없게 되었습니다. 이러한 재정적 압박으로 인해 학생들은 큰 빚을 지거나, 한 번에 여러 가지 일을 병행하거나, 심지어 학교를 중퇴할 수밖에 없는 상황에 놓이게 됩니다.

The overwhelming cost of education unfairly affects low-income families and widens the gap between various socio-economic groups. Potential solutions to this gap include providing more financial aid, lowering tuition fees, and developing cheaper online education alternatives. Equal access to education is crucial for ensuring that everyone has the chance to pursue their academic and career goals without feeling defeated by enormous financial obstacles.

부담스러운 교육 비용은 저소득층 가정에 불리하게 작용하고 다양한 사회경제적 계층 간의 격차를 심화시킵니다. 이러한 격차에 대한 해결책으로는 더 많은 재정 지원 제공, 수업료 인하, 저렴한 온라인 교육 대안 개발 등이 있습니다. 교육에 대한 평등한 접근은 모든 사람이 막대한 경제적 장애물로 인해 패배감을 느끼지 않고 학업 및 경력 목표를 추구할 수 있는 기회를 보장하는 데 매우 중요합니다.

이슈

고등 교육 비용의 상승으로 많은 가정과 학생들이 재정적 부담을 겪고 있습니다. 학비, 교재비, 주거비가 크게 증가해 학생들은 큰 빚을 지거나 여러 일을 병행하거나, 심지어 학교를 중퇴하는 상황에 처하게 됩니다. 특히 저소득층 가정에 더 큰 부담으로 작용해 사회경제적 격차를 심화시키고 있습니다. 이를 해결하기 위해 재정 지원 확대, 수업료 인하, 저렴한 온라인 교육 대안이 필요하며, 교육에 대한 평등한 접근이 보장되어야 합니다.

핵심 포인트

- 교육비 상승 문제
  education expense, burdensome, cost, tuition, unaffordable

- 경제적 부담으로 인해 교육 불평등 심화
  financial pressure, debt, drop out of school, low-income, widens the gap, socio economic groups

- 교육 경제적 부담 해결책
  providing financial aid, lowering tuition fees, cheaper online education alternatives

내용 분석

Rising postsecondary education expenses are becoming more burdensome for many families and students. Costs from tuition, textbook materials, and housing have been significantly increasing, making college more unaffordable.

고등 교육 비용의 상승은 많은 가정과 학생들에게 부담이 되고 있습니다. 학비, 교재비, 주거비 등의 비용이 크게 증가하면서 대학 등록금을 감당할 수 없게 되었습니다.

✿ expense 비용, 지출

Housing is often the largest expense in a family's budget.
주택은 가계 예산에서 가장 큰 비용을 차지하는 경우가 많습니다.

✿ unaffordable 감당할 수 없는, 너무 비싼

College tuition fees have become unaffordable for many students and their families.
대학 등록금은 많은 학생과 그 가족에게 감당할 수 없는 비용이 되었습니다.

This financial pressure leaves students with no choice but to take on large debt, balance multiple jobs at once, or even drop out of school altogether.

이러한 재정적 압박으로 인해 학생들은 큰 빚을 지거나, 한 번에 여러 가지 일을 병행하거나, 심지어 학교를 중퇴할 수밖에 없는 상황에 놓이게 됩니다.

✿ financial pressure 재정적 압박

핵심 표현

The unexpected car repairs added extra financial pressure to their monthly budget.
예상치 못한 자동차 수리로 인해 월 예산에서 추가적인 재정적 압박이 가해졌습니다.

✳ *drop out of 중퇴하다, 거부하다*

Many students drop out of college due to financial difficulties.
많은 학생들이 경제적 문제로 대학을 중퇴합니다.

The overwhelming cost of education unfairly affects low-income families and widens the gap between various socio-economic groups. Potential solutions to this gap include providing more financial aid, lowering tuition fees, and developing cheaper online education alternatives.

부담스러운 교육 비용은 저소득층 가정에 불리하게 작용하고 다양한 사회경제적 계층 간의 격차를 심화시킵니다. 이러한 격차에 대한 해결책으로는 더 많은 재정 지원 제공, 수업료 인하, 저렴한 온라인 교육 대안 개발 등이 있습니다.

✳ *overwhelming 부담스러운, 압도적인*

The overwhelming workload left her feeling stressed and exhausted.
부담스러운 업무량으로 인해 그녀는 스트레스와 피로감을 느꼈습니다.

✳ *alternative n. 대안 adj. 대체 가능한*

If the medication causes side effects, the doctor may suggest an alternative.
약물이 부작용을 일으키는 경우 의사가 대안을 제시할 수 있습니다.

Equal access to education is crucial for ensuring that everyone has the chance to pursue their academic and career goals without feeling defeated by enormous financial obstacles.

교육에 대한 평등한 접근은 모든 사람이 막대한 경제적 장애물로 인해 패배감을 느끼지 않고 학업 및 경력 목표를 추구할 수 있는 기회를 보장하는 데 매우 중요합니다.

✳ *access 접근*

Access to clean drinking water is a basic human right.
깨끗한 식수에 대한 접근은 기본 인권입니다.

✳ *pursue 추구하다, 계속하다*

Researchers are pursuing innovative solutions to combat climate change.
연구원들은 기후 변화에 대응하기 위한 혁신적인 해결책을 추구하고 있습니다.

연습 문제

주어진 문장을 알맞게 영작해 보세요.

1   고등 교육 비용의 상승은 많은 가정과 학생들에게 부담이 되고 있습니다.

_____

2   이러한 재정적 압박으로 인해 학생들은 큰 빚을 지게 됩니다.

_____

3   부담스러운 교육 비용은 다양한 사회경제적 계층 간의 격차를 심화시킵니다.

_____

4   이러한 격차에 대한 해결책으로는 더 많은 재정 지원 제공과 수업료 인하가 있습니다.

_____

5   교육에 대한 평등한 접근은 학업 목표를 추구할 수 있는 기회를 보장하는 데 매우 중요합니다.

_____

모범 답안

1. Rising postsecondary education expenses are becoming more burdensome for many families and students.
2. This financial pressure leaves students take on large debt.
3. The overwhelming cost of education widens the gap between various socio-economic groups.
4. Potential solutions to this gap include providing more financial aid and lowering tuition fees.
5. Equal access to education is crucial for ensuring that everyone has the chance to pursue their academic goals.

환경

잘 모르거나 어려운 표현과 단어에 표시하면서 지문을 읽어보세요.

MP3 Unit23

Severe weather phenomena are climate conditions that critically affect the environment and human activities. Localized heavy rain and extreme heat waves are two examples. First, localized heavy rain is dangerous because it can cause flash floods, damage to infrastructure, and transportation disruptions. It also impacts agriculture through the drowning of crops or soil erosion.

극심한 기상 현상은 환경과 인간 활동에 치명적인 영향을 미치는 기후 조건입니다. 집중호우와 극심한 폭염이 그 두 가지 예입니다. 첫째, 국지성 집중호우는 돌발 홍수, 사회 기반 시설 손상, 교통 혼란을 일으킬 수 있어 위험합니다. 또한 농작물의 익사나 토양 침식을 통해 농업에도 영향을 미칩니다.

Heat waves, which are prolonged periods of scorching temperatures, can cause severe health problems, like heatstroke and dehydration. During a heat wave, the increased usage of air conditioning across households can strain power grids. These phenomena are increasing in frequency and intensity because of climate change. Thus, preparing for and reducing their effects demands stronger infrastructure and early warning systems to protect communities and the environment.

뜨거운 기온이 장기간 지속되는 폭염은 열사병과 탈수증과 같은 심각한 건강 문제를 일으킬 수 있습니다. 폭염 기간 동안 가정에서 에어컨 사용량이 증가하면 전력망에 부담을 줄 수 있습니다. 이러한 현상은 기후 변화로 인해 그 빈도와 강도가 증가하고 있습니다. 따라서 폭염에 대비하고 그 영향을 줄이려면 지역사회와 환경을 보호하기 위해 더 튼튼한 사회 기반 시설과 조기 경보 시스템이 필요합니다.

이슈

극심한 기상 현상은 환경과 인간 활동에 치명적인 영향을 미치는 기후 조건입니다. 국지성 집중호우는 돌발 홍수, 사회 기반 시설 손상, 교통 혼란을 일으키며, 농작물 피해와 토양 침식을 초래합니다. 폭염은 열사병과 탈수증 같은 건강 문제를 유발하고, 전력망에 과부하를 줄 수 있습니다. 기후 변화로 인해 이러한 현상의 빈도와 강도가 증가하고 있어, 이를 대비하기 위해 더 강력한 사회 기반 시설과 조기 경보 시스템이 필요합니다.

핵심 포인트

- 극심한 기상 현상
  severe weather phenomena, critically affect, localized heavy rain, extreme heat waves
- 집중호우의 사회적 영향
  flash floods, damage infrastructure, transportation disruptions, drowning of crops, soil erosion
- 폭염의 사회적 영향
  health problem, heatstroke, dehydration, increased usage of air conditioning, climate change

내용 분석

Severe weather phenomena are climate conditions that critically affect the environment and human activities. Localized heavy rain and extreme heat waves are two examples.
극심한 기상 현상은 환경과 인간 활동에 치명적 영향을 미치는 기후 조건입니다. 집중호우와 극심한 폭염이 그 두 가지 예입니다.

✿ phenomena(단수: phenomenon) 현상
Natural phenomena like eclipses and auroras captivate people around the world.
일식이나 오로라와 같은 자연 현상은 전 세계 사람들의 마음을 사로잡습니다.

✿ affect 영향을 미치다
Stress can affect your sleep and overall well-being.
스트레스는 수면과 전반적인 건강에 영향을 미칠 수 있습니다.

핵심 표현

First, localized heavy rain is dangerous because it can cause flash floods, damage to infrastructure, and transportation disruptions. It also impacts agriculture through the drowning of crops or soil erosion.

첫째, 국지성 집중호우는 돌발 홍수, 사회 기반 시설 손상, 교통 혼란을 일으킬 수 있어 위험합니다. 또한 농작물의 익사나 토양 침식을 통해 농업에도 영향을 미칩니다.

✤ infrastructure 사회 기반 시설

Strong infrastructure is crucial for economic development and improving the quality of life in communities.

탄탄한 사회 기반 시설은 경제 발전과 지역 사회의 삶의 질 향상에 매우 중요합니다.

✤ disruption 혼란, 분열

The construction project caused a major disruption to traffic flow in the city center.

이 건설 프로젝트로 인해 도심의 교통 흐름에 큰 혼란이 발생했습니다.

Heat waves, which are prolonged periods of scorching temperatures, can cause severe health problems, like heatstroke and dehydration. During a heat wave, the increased usage of air conditioning across households can strain power grids. These phenomena are increasing in frequency and intensity because of climate change.

뜨거운 기온이 장기간 지속되는 폭염은 열사병과 탈수증과 같은 심각한 건강 문제를 일으킬 수 있습니다. 폭염 기간 동안 가정에서 에어컨 사용량이 증가하면 전력망에 부담을 줄 수 있습니다. 이러한 현상은 기후 변화로 인해 그 빈도와 강도가 증가하고 있습니다.

✤ scorching 뜨거운, 타는 듯한

The scorching heat made it impossible to stay outside for long.

뜨거운 더위 때문에 밖에 오래 머무는 것이 불가능했습니다.

✤ heat wave 폭염

The heat wave led to health warnings and urged people to stay hydrated.

폭염으로 인해 건강 경보가 발령되고 사람들에게 수분을 충분히 섭취할 것을 촉구했습니다.

Thus, preparing for and reducing their effects demands stronger infrastructure and early warning systems to protect communities and the environment.

따라서 폭염에 대비하고 그 영향을 줄이려면 지역사회와 환경을 보호하기 위해 더 튼튼한 사회 기반 시설과 조기 경보 시스템이 필요합니다.

✤ early warning system 조기 경보 시스템

The early warning system alerted residents to evacuate before the hurricane made landfall.

조기 경보 시스템은 허리케인이 상륙하기 전에 주민들에게 대피하라는 경고를 보냈습니다.

연습 문제

주어진 문장을 알맞게 영작해 보세요.

1   집중호우와 극심한 폭염이 그 두 가지 예입니다.

_____

2   국지성 집중호우는 돌발 홍수와 교통 혼란을 일으킬 수 있습니다.

_____

3   농작물의 익사나 토양 침식을 통해 농업에도 영향을 미칩니다.

_____

4   폭염은 열사병과 탈수증과 같은 심각한 건강 문제를 일으킬 수 있습니다.

_____

5   이러한 현상은 기후 변화로 인해 그 빈도와 강도가 증가하고 있습니다.

_____

모범 답안

1. Localized heavy rain and extreme heat waves are two examples.
2. localized heavy rain can cause flash floods and transportation disruptions.
3. It impacts agriculture through the drowning of crops or soil erosion.
4. Heat waves can cause severe health problems, like heatstroke and dehydration.
5. These phenomena are increasing in frequency and intensity because of climate change.

잘 모르거나 어려운 표현과 단어에 표시하면서 지문을 읽어보세요.

MP3 Unit24

Plastic pollution is a major environmental concern caused by the overuse and incorrect disposal of plastic products. Millions of tons of plastic waste can be found in oceans, rivers, and landfills worldwide, damaging ecosystems and wildlife species. Marine animals are especially prone to ingesting or getting tangled in plastic debris, causing injury or death.

플라스틱 오염은 플라스틱 제품의 남용과 잘못된 폐기로 인해 발생하는 주요 환경 문제입니다. 전 세계 바다, 강, 쓰레기 매립지에서 수백만 톤의 플라스틱 쓰레기가 발견되어 생태계와 야생동물 종에 피해를 주고 있습니다. 특히 해양 동물은 플라스틱 쓰레기를 삼키거나 엉켜서 다치거나 죽기 쉽습니다.

Plastic pollution also impacts human health because it can enter our food chain and poison water sources in the form of microplastics. Collective efforts must be taken to reduce plastic pollution, such as using less plastic every day, encouraging recycling, and improving trash management methods. Addressing plastic waste issues is crucial to preserve natural ecosystems, protect wild animals, and guarantee a healthier Earth for us all.

플라스틱 오염은 먹이사슬에 유입되어 미세 플라스틱의 형태로 수자원을 오염시킬 수 있기 때문에 인간의 건강에도 영향을 미칩니다. 플라스틱 오염을 줄이기 위해서는 매일 플라스틱 사용량을 줄이고, 재활용을 장려하며, 쓰레기 관리 방법을 개선하는 등 공동의 노력을 기울여야 합니다. 플라스틱 쓰레기 문제를 해결하는 것은 자연 생태계를 보존하고 야생 동물을 보호하며 우리 모두에게 더 건강한 지구를 보장하기 위해 매우 중요합니다.

이슈

플라스틱 오염은 플라스틱 제품의 남용과 잘못된 폐기로 발생하는 환경 문제로, 바다, 강, 매립지에 쌓인 플라스틱 쓰레기가 생태계와 야생동물에 피해를 주고 있습니다. 특히 해양 동물은 플라스틱에 엉키거나 삼켜 다치거나 죽을 위험이 큽니다. 또한, 플라스틱 오염은 미세 플라스틱 형태로 인간의 먹이사슬에 유입되어 건강에도 영향을 미칩니다. 이를 해결하기 위해서는 플라스틱 사용을 줄이고, 재활용을 장려하며, 쓰레기 관리 방식을 개선하는 노력이 필요합니다.

핵심 포인트

- 플라스틱 오염의 원인과 영향

plastic waste, debris, overuse, incorrect disposal, damage, get tangled, injury, death

- 플라스틱 오염과 건강

food chain, water source, microplastic, poison

- 해결책 필요성

reduce, recycling, trash management method

내용 분석

Plastic pollution is a major environmental concern caused by the overuse and incorrect disposal of plastic products. Millions of tons of plastic waste can be found in oceans, rivers, and landfills worldwide, damaging ecosystems and wildlife species. Marine animals are especially prone to ingesting or getting tangled in plastic debris, causing injury or death.

플라스틱 오염은 플라스틱 제품의 남용과 잘못된 폐기로 인해 발생하는 주요 환경 문제입니다. 전 세계 바다, 강, 쓰레기 매립지에서 수백만 톤의 플라스틱 쓰레기가 발견되어 생태계와 야생동물 종에 피해를 주고 있습니다. 특히 해양 동물은 플라스틱 쓰레기를 삼키거나 엉켜서 다치거나 죽기 쉽습니다.

✿ *overuse* n. 남용 v. 남용하다

The overuse of antibiotics can lead to drug-resistant bacteria.
항생제를 남용하면 약물 내성 균이 생길 수 있습니다.

✿ *debris* 쓰레기, 잔해

The construction site was filled with debris that needed to be cleared for work to continue.
공사 현장은 작업을 계속하기 위해 치워야 할 쓰레기로 가득 차 있었습니다.

핵심 표현

Plastic pollution also impacts human health because it can enter our food chain and poison water sources in the form of microplastics. Collective efforts must be taken to reduce plastic pollution, such as using less plastic every day, encouraging recycling, and improving trash management methods.

플라스틱 오염은 먹이사슬에 유입되어 미세 플라스틱의 형태로 수자원을 오염시킬 수 있기 때문에 인간의 건강에도 영향을 미칩니다. 플라스틱 오염을 줄이기 위해서는 매일 플라스틱 사용량을 줄이고, 재활용을 장려하며, 쓰레기 관리 방법을 개선하는 등 공동의 노력을 기울여야 합니다.

✿ food chain 먹이 사슬

Pollution can harm species at all levels of the food chain.
오염은 먹이사슬의 모든 단계의 종에 해를 끼칠 수 있습니다.

✿ microplastic 미세 플라스틱

Microplastics are present in drinking water, raising concerns about their impact on human health.
미세 플라스틱이 식수에도 들어 있어 인체 건강에 미치는 영향에 대한 우려가 커지고 있습니다.

Addressing plastic waste issues is crucial to preserve natural ecosystems, protect wild animals, and guarantee a healthier Earth for us all.

플라스틱 쓰레기 문제를 해결하는 것은 자연 생태계를 보존하고 야생 동물을 보호하며 우리 모두에게 더 건강한 지구를 보장하기 위해 매우 중요합니다.

✿ preserve 보호하다, 보존하다

Efforts are being made to preserve endangered species from extinction.
멸종 위기에 처한 종을 멸종으로부터 보호하기 위한 노력이 계속되고 있습니다.

✿ ecosystem 생태계

Healthy ecosystems are vital for clean air, water, and sustaining biodiversity.
건강한 생태계는 깨끗한 공기, 물, 생물 다양성 유지를 위해 필수적입니다.

연습 문제

주어진 문장을 알맞게 영작해 보세요.

1   플라스틱 오염은 플라스틱 제품의 남용으로 발생하는 주요 환경 문제입니다.

_____

2   해양 동물은 플라스틱 쓰레기를 삼키거나 엉켜서 다치거나 죽기 쉽습니다.

_____

3   플라스틱 쓰레기 문제를 해결하는 것은 자연 생태계를 보존하기위해 매우 중요합니다.

_____

4   플라스틱 오염은 먹이사슬에 유입될 수 있기 때문에 인간의 건강에 영향을 미칩니다.

_____

5   전 세계 바다, 쓰레기 매립지에서 수백만 톤의 플라스틱 쓰레기가 발견되어 생태계에 피해를 주고 있습니다.

_____

모범 답안

1. Plastic pollution is a major environmental concern caused by the overuse plastic products.
2. Marine animals are prone to ingesting or getting tangled in plastic debris, causing injury or death.
3. Addressing plastic waste issues is crucial to preserve natural ecosystems.
4. Plastic pollution impacts human health because it can enter our food chain.
5. Millions of tons of plastic waste can be found in oceans and landfills worldwide, damaging ecosystems.

잘 모르거나 어려운 표현과 단어에 표시하면서 지문을 읽어보세요.

🔊 MP3 | Unit25

Sustainable energy is described as energy generated from sources that satisfy current demands without negatively impacting future generations. Well-known renewable resources that cause little environmental damage are solar, wind, hydro, and geothermal energy. They help to fight climate change by reducing greenhouse gas emissions, unlike fossil fuels.

지속 가능한 에너지는 미래 세대에 부정적인 영향을 미치지 않으면서 현재의 수요를 충족시키는 자원에서 만들어낸 에너지입니다. 환경에 거의 영향을 미치지 않는 잘 알려진 재생 가능한 자원은 태양 에너지, 풍력, 수력 및 지열 에너지입니다. 화석 연료와 달리 온실 가스 배출량을 줄임으로써 기후 변화에 대처하는 데 도움이 됩니다.

Shifting to sustainable energy is imperative for a healthier and cleaner Earth. There are also economic benefits, such as the generating of more jobs in renewable energy industries and less reliance on limited resources. Although infrastructure development and planning costs remain a challenge, the long-run benefits of sustainable energy are apparent. To ensure stable and resilient energy usage for future generations, we must invest in sustainable energy before it's too late.

더 건강하고 깨끗한 지구를 위해서는 지속 가능한 에너지로 전환하는 것이 필수적입니다. 또한 재생 가능한 에너지 산업에서 더 많은 일자리를 창출하고 제한된 자원에 대한 의존도를 줄이는 것과 같은 경제적인 이점도 있습니다. 인프라 개발과 계획 비용이 여전히 과제로 남아 있지만, 지속 가능한 에너지의 장기적인 이점은 분명합니다. 우리는 미래 세대의 안정적이고 탄력적인 에너지 사용을 보장하기 위해 너무 늦기 전에 지속 가능한 에너지에 투자해야 합니다.

이슈

지속 가능한 에너지는 미래 세대에 부정적인 영향을 미치지 않고 현재의 수요를 충족시키는 자원으로, 태양, 풍력, 수력, 지열 에너지가 대표적입니다. 이러한 에너지는 온실가스 배출을 줄여 기후 변화에 대응하며, 재생 에너지 산업에서 더 많은 일자리를 창출하고 자원 의존도를 줄이는 경제적 이점도 제공합니다. 인프라 개발 비용 등의 과제가 있지만, 장기적인 이점이 명확하므로 미래를 위해 지속 가능한 에너지에 투자해야 합니다.

핵심 포인트

- 지속 가능한 에너지
  sustainable energy, solar, wind, hydro, geothermal energy
- 지속 가능한 에너지 전환의 필요성
  fight climate change, reducing greenhouse gas emissions
- 지속 가능한 에너지의 경제적 이점
  generating more jobs, less reliance on limited resources

내용 분석

Sustainable energy is described as energy generated from sources that satisfy current demands without negatively impacting future generations. Well-known renewable resources that cause little environmental damage are solar, wind, hydro, and geothermal energy.

지속 가능한 에너지는 미래 세대에 부정적인 영향을 미치지 않으면서 현재의 수요를 충족시키는 자원에서 만들어낸 에너지입니다. 환경에 거의 영향을 미치지 않는 잘 알려진 재생 가능한 자원은 태양 에너지, 풍력, 수력 및 지열 에너지입니다.

✰ environmental 환경의

The environmental problems that wildfire affected on ecosystems are serious.
산불이 생태계에 미치는 환경적 문제가 심각합니다.

✰ generate 만들어 내다

Wind-power is energy generated by using the power of the wind.
풍력은 바람의 힘을 이용해서 만들어지는 에너지입니다

핵심 표현

They help to fight climate change **by reducing** greenhouse gas emissions, **unlike** fossil fuels.

화석 연료와 달리 온실 가스 배출량을 줄임으로써 기후 변화에 대처하는 데 도움이 됩니다.

✤ *fight 대처하다*

The use of public transportation is effective in fighting air pollution problems.

대중교통 활용은 대기 오염 문제를 대처하는 데 효과적입니다.

✤ *emission 배출*

Large amounts of carbon dioxide emissions are one of the causes of global temperatures.

많은 양의 이산화탄소 배출은 지구 온도를 높이는 원인 중 하나입니다.

Shifting to **sustainable energy is** imperative **for a healthier and cleaner Earth. There are also** economic benefits, **such as the generating of more jobs in renewable energy industries and** less reliance on limited resources.

더 건강하고 깨끗한 지구를 위해서는 지속 가능한 에너지로 전환하는 것이 필수적입니다. 또한 재생 가능한 에너지 산업에서 더 많은 일자리를 창출하고 제한된 자원에 대한 의존도를 줄이는 것과 같은 경제적인 이점도 있습니다

✤ *imperative 필수적인, 반드시 해야 하는*

Reducing the use of plastic is imperative for global warming.

플라스틱 사용을 줄이는 것은 지구 온난화를 위해 필수적입니다.

✤ *reliance 의존도*

Some people have a high reliance on the use of disposable products.

일부 사람들은 일회용품 사용에 대한 높은 의존도를 가지고 있습니다.

Although infrastructure development **and planning costs remain a challenge, the long-run benefits of sustainable energy are** apparent. **To ensure** stable and resilient energy **usage for future generations, we must** invest **in sustainable energy before it's too late.**

인프라 개발과 계획 비용이 여전히 과제로 남아 있지만, 지속 가능한 에너지의 장기적인 이점은 분명합니다. 우리는 미래 세대의 안정적이고 탄력적인 에너지 사용을 보장하기 위해 너무 늦기 전에 지속 가능한 에너지에 투자해야 합니다.

✤ *apparent 분명한*

It is apparent that there is a limited amount of renewable energy that exists on Earth.

지구상에 존재하는 재생 가능 에너지가 한정되어 있다는 점은 분명합니다.

✤ *resilient 탄력적인, 회복력 있는*

The economy showed resilient growth despite global challenges.

경제가 전 세계적인 위기에도 불구하고 탄력적인 성장세를 보였습니다.

핵심 표현

연습 문제

주어진 문장을 알맞게 영작해 보세요.

1   환경에 거의 영향을 미치지 않는 잘 알려진 재생 가능한 자원은 태양 에너지, 풍력, 수력 및 지열 에너지입니다.

2   재생 가능한 자원은 온실 가스 배출량을 줄임으로써 기후 변화에 대처하는 데 도움이 됩니다.

3   더 건강하고 깨끗한 지구를 위해서는 지속 가능한 에너지로 전환하는 것이 필수적입니다.

4   우리는 미래 세대의 안정적이고 탄력적인 에너지 사용을 보장하기 위해 지속 가능한 에너지에 투자해야 합니다.

5   제한된 자원에 대한 의존도를 줄이는 것과 같은 경제적인 이점이 있습니다.

모범 답안

1. Well-known renewable resources that cause little environmental damage are solar, wind, hydro, and geothermal energy.
2. Renewable resources help to fight climate change by reducing greenhouse gas emissions.
3. Shifting to sustainable energy is imperative for a healthier and cleaner Earth.
4. To ensure stable and resilient energy usage for future generations, we must invest in sustainable energy.
5. There are economic benefits, such as less reliance on limited resources.

MEMO

시원스쿨 LAB

히트브랜드 토익·토스·오픽 인강 1위
시원스쿨LAB 교재 라인업
*2020-2024 5년 연속 히트브랜드대상 1위 토익·토스·오픽 인강

시원스쿨 토익 교재 시리즈

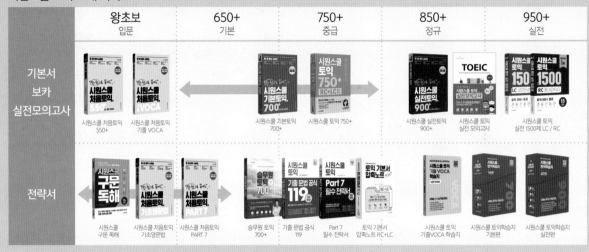

	왕초보 입문	650+ 기본	750+ 중급	850+ 정규	950+ 실전
기본서 보카 실전모의고사	시원스쿨 처음토익 550+ / 시원스쿨 처음토익 기출 VOCA	시원스쿨 기본토익 700+ / 시원스쿨 토익 750+		시원스쿨 실전토익 900+ / 시원스쿨 토익 실전 모의고사	시원스쿨 토익 실전 1500제 LC / RC
전략서	시원스쿨 구문 독해 / 시원스쿨 처음토익 기초영문법 / 시원스쿨 처음토익 PART 7	승무원 토익 700+ / 기출 문법 공식 119 / Part 7 필수 전략서 / 토익 기본서 압축노트 RC+LC		시원스쿨 토익 기출VOCA 학습지	시원스쿨 토익학습지 기본편 / 시원스쿨 토익학습지 실전편

시원스쿨 토익스피킹, 듀오링고, 오픽, SPA 교재 시리즈

10가지 문법으로 시작하는 토익스피킹 기초영문법 · 28시간에 끝내는 토익스피킹 START · 5일 만에 끝내는 토익스피킹 · 15개 템플릿으로 끝내는 토익스피킹 · 시원스쿨 토익스피킹 IM - AL · 시원스쿨 토익스피킹 실전 모의고사 · 시원스쿨 토익스피킹 학습지 · Duolingo English Test 개정판 · Duolingo English Test 실전모의고사 · Duolingo English Test 영문판 · Duolingo English Test 기출 보카

시원스쿨 빅오픽 START · 시원스쿨 빅오픽 IM-IH · 시원스쿨 오픽 IM-AL · 시원스쿨 오픽 실전 모의고사 · 멀티캠퍼스X시원스쿨 오픽 진짜학습지 IM 실전 · 멀티캠퍼스X시원스쿨 오픽 진짜학습지 IH 실전 · 멀티캠퍼스X시원스쿨 오픽 진짜학습지 AL 실전 · 시원스쿨 오픽학습지 실전전략편 IH-AL · OPIc All in one PACKAGE IM-AL · 시원스쿨 SPA · 시원스쿨 SPA 실전 모의고사

시원스쿨 아이엘츠 교재 시리즈 / 시원스쿨 토플 교재 시리즈

IELTS Study Pack · 아이엘츠 MASTER · 아이엘츠 기출 VOCA · 시원스쿨 TOEFL Basic · 시원스쿨 TOEFL Intermediate · 시원스쿨 TOEFL Actual Tests · 시원스쿨 TOEFL 기출 VOCA · 시원스쿨 TOEFL Speaking · 시원스쿨 TOEFL Writing · 시원스쿨 TOEFL Listening · 시원스쿨 TOEFL Reading

시원스쿨 지텔프 교재 시리즈 / 시원스쿨 텝스 교재 시리즈

지텔프 기출문제집 공식 기출 7회분 · 지텔프 기출문법 · 지텔프 기출VOCA · 지텔프 기출독해 · 지텔프 기출청취 · 시원스쿨 지텔프 최신 기출 유형 문법 모의고사 · 시원스쿨 지텔프 32-50 · 시원스쿨 지텔프 65+ · 시원스쿨 텝스 Basic · 시원스쿨 텝스 청해 · 시원스쿨 텝스 어휘·문법 · 시원스쿨 텝스 독해 · 뉴텝스 서울대 공식 기출문제집